TIERE UNSERER HEIMAT

TIERE UNSERER HEIMAT

AUS DER REIHE
»WELTREICH DER TIERE«

TOMUS VERLAG MÜNCHEN

Vorwort

Diskussionen über Umweltschutz, Verarmung der Natur und Störung des ökologischen Gleichgewichts haben dazu geführt, daß sich die Menschen wieder mehr um die Tierwelt kümmern. Die Städter nutzen immer häufiger ihre Freizeit, um draußen in der Natur die einheimischen Vögel, Säugetiere, Insekten, Reptilien und Amphibien zu beobachten.
Dieses Buch ist ein Spaziergang durch die wundervolle Welt der einheimischen Fauna. Tierforscher beschreiben die Eigenarten und sozialen Verhaltensweisen der Bewohner von Wald, Feld, Wiesen, Seen und Gärten. Der Leser erfährt, wo er die Tiere findet, wie sie zu erkennen und von Artverwandten zu unterscheiden sind.
Mit diesem Buch wird der Sonntagsspaziergang zu einem Abenteuer. Dieses Buch unterstützt eines der schönsten Familien-Hobbys: gemeinsam die Natur erleben.

Autoren:
Dr. Theodor Haltenorth
Dr. Frieder Sauer

Redaktion:
Gottfried Aigner
Heinz Sponsel

Grafische Gestaltung:
Michael Lenek
Zeichnungen:
Fritz Wendler

Prinzenstraße 7, D-8000 München 19
Tel.: 089/13 20 01, Telex: 5 215 528 tvf d

Satz: ABC Fotosatz & Repro GmbH, München

Druck: Printed in Italy

ISBN 3-920954-04-1

Inhalt

Wälder und Parklandschaften

Im Wald geht das Leben der Vögel rund um die Uhr 8

Scheu und schlau: die Wildtiere im Wald 24

Unzählbar wie die Sterne: das Heer der Waldinsekten 32

Alles, was da kriecht und springt und schleicht 37

Felder, Wiesen und Hecken

Für die Vögel wird das Überleben immer schwerer 42

Wenn die Nacht kommt, beginnt das Leben 53

Überall in der Luft liegt ein Summen 59

Gärten und Siedlungen

Neue Heimat, von der Hand des Menschen geschaffen 70

Ungeliebte »Untermieter« im Revier des Menschen 84

Fliegende Akrobaten, stechende Baumeister 88

Flüsse, Teiche und Seen

Vogelparadiese an Gewässern 92

Die letzten ihrer Art kämpfen ums Überleben 101

Unscheinbar die einen, schillernd die anderen 104

Ihre Vorfahren lebten schon vor 300 Millionen Jahren 106

Feuchtwiesen, Sümpfe, Schilf

Wildnis für Menschen, Heimat für Vögel 110

Kriechtiere, die ein Doppelleben führen 115

Matten und Bergwälder

Im harten Kampf gegen die Mächte der Natur 118

Artisten im Fels und Meister der Tarnung 120

Tierspuren 124

Greifvogel-Flugbilder 126

Fußformen von Vögeln 126

Register 127

WÄLDER UND PARK-LANDSCHAFTEN

Vor Jahrmillionen bedeckten Urwälder ganz Deutschland, von Ost- und Nordsee bis zu den Alpen. Nur die Stimmen der Tiere übertönten das ewige Rauschen der Bäume. Bäume stürzten, vermoderten, wurden Urgrund neuen Lebens. Die Wälder von heute sind anders geworden. Viele natürliche Mischwälder in ihrer Vielgestaltigkeit von Laub- und Nadelbäumen wurden abgeholzt. Häufig traten die monotonen Kulturen der schnell wachsenden Fichten an ihre Stelle. Einige Tierarten mußten diese Veränderung des Waldes durch Menschenhand mit dem Aussterben bezahlen: Auerochse, Wisent und Elch, die einst auch zu den Tieren unserer Heimat zählten. Doch die meisten erwiesen sich als Meister im Anpassen und im Überleben: das Milliardenheer der Insekten, die bunten Scharen der Tag- und Nachtvögel, das tagscheu gewordene Wild. Und einer benötigt den anderen, eine Lebens- und Todesgemeinschaft sozusagen. Vom kleinen Untergrundgetier leben Lurche, Kriechtiere und kleinere Säugetiere wie Maulwürfe, Spitzmäuse und Mäuse, die wieder größeren Säugetieren wie Mardern, Füchsen, Dachsen und Wildschweinen Nahrung geben. Die Vögel ihrerseits werden zur Beute mancher Säugetiere, während die nächtlichen Greifvögel zum Teil auch von Säugetieren leben. Im wahrsten Sinn des Wortes offenbart sich in den heutigen Wäldern und Parklandschaften eine Urform des biologischen Gleichgewichts. Die Sehnsucht treibt den modernen Menschen heute aus den Städten hinaus in die Natur in der Hoffnung, möglichst viele frei lebende Tiere zu sehen. Zurückhaltung bleibt dabei geboten, um das mühsam ausbalancierte Gleichgewicht des Naturhaushaltes durch übergroße Neugier nicht zu stören.

Im Wald geht das Leben der Vögel rund um die Uhr

Wenn die einen müde geworden sind und schlafen, erwachen die anderen. Im Licht des Tages singen und schwirren sie zwischen Wipfeln und Zweigen. Im Dunkel der Nacht gehen sie auf lautlose Jagd und finden zielsicher ihre Beute

Die kleinsten unter den Meisen brüten sogar in Mauselöchern

Die Tannenmeise (Foto oben) erkennt man an ihren verwaschenen Farben und einem auffälligen weißen Nackenfleck. Fast stets hält sie sich in der immergrünen Wipfelregion auf, wo sie an den dünnen Zweigen turnt und Kleininsekten sammelt, die sich hier in erstaunlicher Fülle aufhalten. Ihr Nest aber sucht sie fast immer am Erdboden, teils in ausgefaulten Baumstubben, teils tief in Mauselöchern. Wer im Winterwald ein Futterhaus einrichtet, wird in der Tannenmeise einen anmutigen und zutraulichen Gast bekommen, der auch mitten im Winter manchmal sein leises, anheimelndes Lied vorträgt.

Die Haubenmeise (Foto rechts) ist an ihrer aufstellbaren Federhaube leicht zu erkennen. Sie bewohnt ähnlich wie die Tannenmeise Nadelwälder, aber sie sucht ihre Nahrung häufig auch am Waldboden. Die Nacht verschläft sie in einer Baumhöhle, wo sie im Sommer ihr Nest erbaut, hoch oder niedrig, und auch in hohlen Baumstrünken.

Heckenbraunelle

Die erste Brut schlüpft schon im April, geht aber meist zugrunde

Die Heckenbraunelle könnte mit einem Sperling verwechselt werden, hat aber ein bleigraues Kopfgefieder, einen spitzen Pinzettenschnabel und ist im Gegensatz zu den Sperlingen ungesellig. Sie lebt ähnlich wie die Amsel in Parkanlagen. Hier schlüpft sie durch das dichteste Gebüsch und zeigt sich fast nur, wenn sie sich zum Singen auf einem freistehenden Zweig niederläßt. Auch an milden Wintertagen hört man ihre kurze, klirrende Strophe. Die Braunelle ernährt sich von Insekten und Sämereien; sie hat wie die echten Körnerfresser einen Kropf, also eine Erweiterung der Speiseröhre, in der sie manchmal auch das Futter für ihre Jungen transportiert. Das Braunellennest kann man auch dann leicht erkennen, wenn es verlassen ist. Es liegt immer in Bodennähe und ist außen mit Moos und innen mit Federn oder Haaren ausgelegt. Die erste Brut schlüpft im April, geht aber meistens zugrunde, weil die Vegetation das Nest noch nicht genügend verbergen kann. Im Juni kommt es zu einer zweiten Brut. Die leuchtend blauen Eier in ihrem Moosbett geben ein prachtvolles Bild. Die Jungen haben intensiv orangerote Sperrachen.

20 Tage lang muß der Eichelhäher seine hungrige Brut füttern

Der Eichelhäher vertritt die Familie der Rabenvögel im Hochwald. Sein buntes Kleid, das auch schon die Jungen beim Verlassen des Nestes tragen, macht ihn unverwechselbar. Zur Kirschenernte erscheint er häufig im Obstgarten, wo man ihn aber mit verspiegelten Glaskugeln auf Distanz halten kann. Er hüpft mit großem Geschick in Zweigen und am Boden und fliegt artistisch durch jedes Dickicht. Über große Strecken wirkt sein Flug dagegen langsam und ungeschickt. Wenn ein Trupp Eichelhäher eine Lichtung überfliegen will, so startet der nächste erst dann, wenn der erste bereits die andere Seite erreicht hat. Das Nest ist unverwechselbar aus Reisig erbaut und innen mit Wurzeln ausgekleidet. Es liegt oft nur reichhoch und selten über fünf Meter, gelegentlich auch in Baumhöhlen. Der Eichelhäher ist Allesfresser und ein geschickter Nestplünderer. Manchmal erjagt er sogar einen ausgewachsenen Vogel, hält ihn mit den Füßen nieder und erschlägt ihn mit dem Schnabel. Im Herbst erntet er Eicheln und legt davon Vorräte an: Ein halbes Dutzend trägt er im Kehlsack und die letzte im Schnabel; dann bohrt er mit dem Schnabel ein Loch, steckt eine ausgewürgte Eichel hinein und drückt das Loch sorgfältig zu. Die Eicheln, die er nicht wiederfindet – und das sind die meisten –, keimen im nächsten Frühjahr aus. Im Abstand von mehreren Jahren erlebt Deutschland einen Massendurchzug von Eichelhähern aus Osteuropa. Truppweise durchstreifen sie dann die oktoberbunten Eichenwälder. Wenn der Häher sich beunruhigt fühlt, läßt er ein schrilles Rätschen hören, das auch andere Waldtiere mißtrauisch macht: Es hat dem Jäger schon manchen Bock vergrämt. Daneben bringt das Männchen einen leisen, fast bauchrednerischen Gesang zuwege, in den auch allerlei aufgeschnappte Vogelstimmen eingebaut sind. Oft läßt es ein Miauen hören, das man nur mit einiger Übung vom Bussardruf unterscheiden kann. Der ausgezeichnete Spötter vermag sogar mit imitiertem Schafblöken oder Ziegengemecker dem Schäfer ein verirrtes Tier vorzutäuschen. Gefangene lernen Lieder nachpfeifen und können Wörter nachsprechen.

Mit fast akrobatischen Verrenkungen versucht er seine Feinde zu verjagen

Der Wendehals (links) gehört zwar zur Familie der Spechte, aber er ist völlig aus der Art geschlagen: Sein schwacher Schnabel taugt nicht zum Hämmern. Darum findet der Wendehals im Winter auch nicht genügend Insekten und muß südwärts ziehen. Seine Rückkehr im Mai verkündet er mit monotonen Rufreihen. Er brütet in Baumhöhlen und wirft nicht selten dafür die Nester anderer Höhlenbrüter samt Eiern oder Jungen heraus. Er selber trägt nach alter Spechtsitte kein Nistmaterial ein. In die Enge getrieben, zeigt der Wendehals eine Verrenkung, die ihm seinen Namen eingebracht hat: Er verdreht schauerlich Augen und Hals, zischt und sträubt das Gefieder.
Der Große Buntspecht (oben) ist in Deutschland, von der Tiefebene bis zur Waldgrenze, in jeder Art von Wald, in Parkanlagen und Obstgärten der häufigste Specht. Im Frühjahr trommeln Männchen und Weibchen auf mitklingenden dürren Ästen, die vorher sorgfältig auf ihre Klangqualität geprüft worden sind. Das Trommeln dient der Revierabgrenzung. Ein Wirbel enthält 12 bis 18 Schläge pro Sekunde. Beim Trommeln schlägt der Specht senkrecht auf die Unterlage; auf der Suche nach holzbohrenden Insekten aber spaltet er mit seitlichen Schlägen Splitter ab. Im Winter sind Samen aus Zapfen und Nüsse seine Hauptnahrung. Er meißelt den Zapfen vom Zweig, fängt ihn mit dem Schnabel auf und trägt ihn zur »Spechtschmiede«, einer ausgearbeiteten Rindenritze, wo er den Zapfen einklemmt, zerlegt und entsamt.

Er trägt seine klirrenden Strophen auch im kältesten Winter vor

Der Zaunkönig brütet von Mitte März bis Mai und wieder im Juni oder Juli. Das Nest liegt in Efeuhecken, Mauerlöchern, Erdabbrüchen, aber selten mehr als reichhoch. Es gilt als eines der kunstvollsten Nester überhaupt – vollendet in seine Umgebung eingepaßt. Innen wird es weich mit Federn ausgepolstert, dann kommt eine fest gearbeitete und verfilzte Wand und darüber eine lockere Außenverkleidung, die das Nest der Umgebung angleicht. Man hat den Eindruck, als mustere der Zaunkönig immer wieder sein Werk und prüfe, wo noch ein Blättchen einzufügen sei und wo eines störe. Das Männchen baut solcherart mehrere Balznester und wirbt danach als Hausbesitzer um ein Weibchen, das dann die Innenarchitektur mit Federn vollendet. Der Zaunkönig muß häufig den Kuckuckswirt spielen, wenn der Kuckuck sein Ei mit dem Schnabel in das Schlupfloch geworfen hat. Kurz vor dem Ausfliegen streckt der Jungkukkuck dann seinen Kopf durch das Schlupfloch heraus, und auch seine Füße haben sich bereits durch die Nestwandung gearbeitet und strampeln bei jeder Fütterung. Schließlich stoßen auch noch die Flügel nach außen durch, und das ganze Nest geht in die Brüche. Der Zaunkönig gilt manchen als der kleinste heimische Vogel, ohne es zu sein. Er wirkt nur so klein, wenn er nach Mäuseart durch das Reisig schlüpft. Er zählt zu den Wintersängern, der seine trotzige, klirrende Strophe auch in Eis und Schnee vorträgt. Die kalten Winternächte verbringen oft mehrere Zaunkönige zusammengekuschelt im gleichen Nest. Der Zaunkönig kam zu uns einst aus Amerika, wo rund zwanzig Zaunkönigarten leben. Wahrscheinlich wanderte er während der Eiszeit in Europa ein, als die zugefrorene Beringstraße eine Brücke zwischen Amerika und Asien bildete.

Das Männchen singt auf hoher Warte, das Weibchen muß arbeiten

Die Misteldrossel sieht der Singdrossel überaus ähnlich. Mit einer Länge von 27 cm von der Schnabelspitze bis zum Schwanzende ist sie unsere größte Drossel, die Singdrossel mit 23 cm dagegen unsere kleinste Drossel. Außerdem ist die Singdrossel ein zutraulicher Parkvogel, die Misteldrossel dagegen ein scheuer Vogel des Nadelwaldes. Auf einsamen Waldwiesen sucht sie nach Drosselart die Regenwürmer und flüchtet früh auf die höchsten Spitzen der Bäume, wo die Männchen auch ihre Singwarten wählen. Das Lied ähnelt dem der Amsel, klingt aber lauter und ist mit vielen Pausen durchsetzt. Es wird auch zu Zeiten vorgetragen, in denen kaum ein anderer Vogel singt. In der düsteren Würde des Fichtenhochwaldes wirkt es besonders stimmungsvoll. Der Name Misteldrossel stammt daher, daß der Vogel gerne Mistelbeeren verzehrt.

Als »Krammetsvogel« war sie einst eine lukullische Spezialität

Etwa seit 1850 hat der ursprünglich nordische Vogel begonnen, sich nach Süden auszubreiten, heute trifft man ihn überall in Deutschland an, meist in Parkanlagen. Bis um die Jahrhundertwende wurden die durchziehenden Scharen im Herbst in Massen gefangen und als »Krammetsvögel« auf den Markt gebracht. Ihr Fleisch hat durch die Wacholderbeerkost einen gewürzten, bitteren Beigeschmack, der hoch geschätzt wurde. In der ersten Hälfte unseres Jahrhunderts begann die Wacholderdrossel in Parkanlagen und Vorstädte einzuwandern und ist heute vielerorts zum Parkvogel geworden. Vor kurzem entdeckte man, daß die Wacholderdrosseln eine wirksame Waffe gegen die ihnen verhaßten Greifvögel besitzen: Sie beschießen diese im Sturzflug mit ihrem Kotstrahl.

Seine Bruthöhle verteidigt der Kleiber mit harten Rammstößen

Der Kleiber hat in unseren Wäldern keine näheren Verwandten und kann daher auch mit keinem anderen Vogel verwechselt werden. Die Bauchseite der west- und mitteleuropäischen Kleiber ist rostrot, die der osteuropäischen weißlich. Die äußere Ähnlichkeit des Kleibers mit Meisen und Spechten geht auf die Anpassung an einen ähnlichen Lebensraum und eine ähnliche Lebensweise zurück. Meisen, Kleiber und Spechte sind Turner und Kletterer an Stämmen und Zweigen. Aber nur dem Kleiber gelingt es, mit dem Kopf voran abwärts zu klettern. Dabei setzt er die Füße nicht neben-, sondern übereinander. Seine Nahrung, hauptsächlich Insekten und Spinnen, findet er in Rindenritzen. Größere Beutetiere klemmt er in eine Rindenspalte, hängt sich kopfunter darüber und meißelt mit dem kräftigen Schnabel mundgerechte Bissen ab. Überbleibsel versteckt er in Rindenritzen und verbirgt sie mit einem Rindenstück. Am besten lernt man den Kleiber am winterlichen Futterhaus kennen. Hier stopft er sich hastig den Schnabel voll und fliegt zu einem nahen Baum, um seine Beute zu zermeißeln oder zu verstecken. Er versucht sich sogar an ganzen Haselnüssen, die er aber nicht immer öffnen kann.

Der unstete »Zigeunervogel« zieht immer den Zapfenernten nach

Die Kreuzschnäbel (oben) sind extreme Nahrungsspezialisten: Mit ihrem Spezialwerkzeug, dem überkreuzten Schnabel, heben sie die Schuppen von Fichten- und Kiefernzapfen an und holen mit der Zunge die Samen heraus. In den nordischen Nadelwäldern kommen zwei weitere Kreuzschnabelarten vor, der Kiefernkreuzschnabel mit einem sehr massiven Schnabel und der zierliche Bindenkreuzschnabel mit zwei weißen Flügelbinden. Die Kreuzschnäbel sind »Zigeunervögel«, die den guten Zapfenernten nachziehen und verschwinden, wo sie abgeerntet haben. Das Nest ist ein überaus dichter und warmer Bau, es liegt meist in der Wipfelregion der Nadelbäume.

Sein farbenprächtiges Kleid trug ihm den Namen »Dompfaff« ein

Der rotbrüstige Gimpelmann (rechts) und seine unscheinbar graubrüstige Frau leben in lebenslanger Ehe zusammen. Im Sommer bekommt die Familie Zuwachs durch die Jungvögel, denen noch die schwarze Kopfplatte fehlt. Nur das Weibchen brütet in einem schlichten Reisignest und wird vom Männchen aus dem Kropf mit eingeweichten Sämereien gefüttert. Sind dann die Jungen geschlüpft, so fliegen beide Eltern gemeinsam auf Futtersuche und kommen gemeinsam mit vollem Kropf zurück, um Sämereien und Insekten zu verfüttern.

Waldlaubsänger

Viele Bruten werden von großen roten Wegschnecken vernichtet

In unseren Laubwäldern begegnet man häufig drei Laubsängerarten, die einander so ähnlich sehen, daß man sie nur mit Mühe unterscheiden kann. Spielend leicht wird die Unterscheidung aber, sobald das Männchen seinen Gesang anstimmt. Beim Waldlaubsänger klingt er schwirrend »sipp sipp sipp sirrrrrrr«. Daneben vernimmt man einen flötenden Warnruf. Am liebsten siedelt der Waldlaubsänger in hochstämmigem Buchenaltholz mit wenig Unterwuchs, durch den man wie durch eine Halle schreitet. Hier trägt das Männchen in der Wipfelzone seinen Triller vor und läßt sich auch einmal singend wie ein lebender Fallschirm zum Waldboden niedersinken. Das Weibchen baut allein am Waldboden ein kugelförmiges Nest mit seitlichem Einschlupf, das sogenannte Backofennest. Außen ist es mit Fallaub belegt, so daß man es kaum erkennt, und innen mit Gras und Haaren gearbeitet, niemals aber mit Federn ausgelegt wie die Nester von Fitis und Zilpzalp, den nächsten Verwandten. Wie bei allen Laubsängern brütet nur das Weibchen und wird dabei vom Männchen mit Futter versorgt. Die Jungen werden alle paar Minuten gefüttert. Mit sieben Tagen können sie Freund und Feind unterscheiden. Manche Bruten fallen großen Schnecken zum Opfer: Diese dringen in das Nest ein, überziehen die Jungen mit Schleim und benagen sie mit ihren Raspelzungen.

Im Laubwald tönt die jubelnde Stimme des fleißigen Sängers

Die Mönchsgrasmücke ist weniger ein Vogel der Hecken und Feldgehölze als einer des lichten, unterholzreichen Laubwaldes. Sie wird deshalb auch seltener als die anderen Grasmücken von der Flurbereinigung bedroht, die vielerorts anheimelnde Bauernlandschaften in monotone Produktionsflächen verwandelt. Männchen und Weibchen unterscheiden sich in der Kopffärbung. Er hat eine schwarze, sie eine rostbraune Kopfplatte. Über Nacht brütet das Weibchen und auch die meiste Zeit des Tages, wobei es aber gelegentlich vom Männchen abgelöst wird. Beide füttern die Jungen, die völlig nackt und mit blutroten Sperrachen zur Welt kommen. Wenn sie um Futter betteln, heben sie die schweren Köpfe auf ihren dürren Hälsen und schaukeln sie lebhaft hin und her, um die Vorführung wirkungsvoller zu machen. Mit 12 oder 13 Tagen verlassen die Jungen das Nest und verbergen sich einzeln im Gebüsch. Kommt dann ein Freßfeind, so kann er immerhin nicht gleich die ganze Brut vernichten. Die Mönchsgrasmücke wurde früher als fleißiger Sänger mit volltönender, jubelnder Stimme gerne im Käfig gehalten. Heute verbieten dies die Naturschutzgesetze – wohl zu Recht, denn sie wird bei dem üblichen Trockenfutter ein recht hinfälliger Pflegling, der zudem zur Zugzeit wie irrsinnig gegen das Käfiggitter flattert.

»Zilp-zalp-zilp« sein Gesang gab ihm seinen Namen

Vom ähnlich häufig vorkommenden Fitis unterscheidet sich der Zilpzalp durch seine fast schwarzen Beine und seinen Gesang, der in seinem Namen anklingt, vom Waldlaubsänger durch die mattere Färbung und die nicht weiße, sondern graue Bauchseite und wieder durch die Stimme. In Norddeutschland hieß der Zilpzalp auch »Backhäuschen« nach seinem backofenförmigen Nest. Er baut es ähnlich wie der Waldlaubsänger am Boden, häufiger aber noch bis zur Kniehöhe in welkes, vorjähriges Gras, das durch dichtes Gezweig gewachsen ist. Die Mulde wird mit Federn ausgelegt. Nur das Weibchen brütet und muß in dieser Zeit auch selber für seine Nahrung sorgen, wozu es stündlich mehrfach für ein paar Minuten sein Gelege verläßt. Das Männchen beteiligt sich meist erst dann an der Fütterung, wenn die Jungen im vollen Wachstum sind. Bei jeder Fütterung vernimmt man ihren Wisperchor, mit dem sie nicht selten ihr Nest dem Waldwanderer verraten. Der Zilpzalp, ein zutraulicher Vogel, läßt sich leicht aus wenigen Metern Abstand beobachten, aber er ist ein ruheloser Hüpfer in seiner Zweigwelt. Zur Zugzeit im März und Oktober erscheint er an allen halbwegs passenden Orten, sonst lebt er in lichten Laubwäldern, Feldgehölzen und Gärten und fehlt, wo der Fitis heimisch ist.

Eine Million Sehzellen nehmen den kleinsten Lichtschimmer wahr

Die Waldohreule ist unsere verbreitetste Eule. Sie liebt besonders Wiesengründe mit eingestreuten Wäldern, wo sie in den Wiesen Mäuse jagt und in den Wäldern brütet. Man sieht sie nicht oft; denn bei Tage verbirgt sie sich im dichtesten Gezweig und verläßt sich dort auf ihre rindenfarbene Schutzfärbung. Erst in der späten Abenddämmerung fliegt sie niedrig und mit schlapp wirkendem Flügelschlag auf Jagd. Um so auffälliger sind ihre Jungen, wenn sie an Maiabenden das Nest verlassen haben und mit hellen Fieptönen die Eltern mit der Maus zu sich rufen. Typisch sind auch die Gewölle, die die Eulen aus den unverdaulichen Resten ihrer Nahrung im Magen zusammenballen und - zumeist an ganz bestimmten Plätzen - wieder auswürgen. Diese Gewölle enthalten Haare, Knöchelchen und Hornteile.

Frühestens Mitte März sitzt das Eulenweibchen auf seinen weißen Eiern in einem verlassenen Krähennest oder Eichhörnchenkobel. Nach Einbruch der Dämmerung legt ihr das Männchen die Nahrung auf den Nestrand. Die Stimme der Eule ist leise wie bei allen Tieren, die sehr feine Ohren haben. Bei der Jagd läßt sich die Eule weitgehend vom Gehör leiten. Sie greift die Maus auch durch die dichteste Bodenvegetation hindurch und trägt sie mitunter in einem ausgerissenen Grasbüschel zum Freßplatz davon.

Die Jungen schlüpfen im Abstand von einigen Tagen und sind daher unterschiedlich groß - »wie die Orgelpfeifen«. Meistens reicht die Nahrung nicht für alle, darum verhungern die Letztgeborenen, eine drastische Art der Geburtenkontrolle. Nur in guten Mäusejahren werden mehr als drei Junge flügge. Sie bedürfen noch lange der Zufütterung durch die Eltern, und so kann man selbst im August noch ihre Bettelrufe hören. Offenbar dauert es so lange, bis sie die schwierige, nächtliche Jagd selbst vollkommen beherrschen.

Die Waldohreule vertraut auch im Winter auf ihre genaue Revierkenntnis und flieht erst bei schweren Schneelagen in mildere Gegenden. Viele treibt der Hunger in die Städte, wo sie des Abends am Futterhaus die letzten Finken schlagen, die nicht rechtzeitig ihre Schlafplätze aufgesucht haben.

Beim Landen wirken die Schwanzfedern wie ein Fallschirm

Der Waldkauz hat sich besonders erfolgreich an die Kulturlandschaft angepaßt. Er bevorzugt parkartiges Gelände bis in das Herz der Städte, findet sich aber auch menschenfern in Großwaldungen. Als reiner Nachtvogel ist er selten zu sehen, aber kaum zu überhören. In stillen Nächten hört man seinen zweistrophigen, heulenden Balzruf, der fast das ganze Jahr hindurch erschallt, dazu vernimmt man in der Nähe noch kiuwitt-Rufe. Das Gefieder der einzelnen Käuze hat teils rostfarbene, teils fast steingraue Färbung. Der Waldkauz sucht als Höhlenbrüter morsche Bäume, Feldscheunen und Kirchtürme auf, in der Not geht er auch in verlassene Krähennester und Kaninchenbaue oder gar unter einen Busch auf den Waldboden. Die Eier werden ohne jede Unterlage in eine Ecke gelegt und vom ersten Ei an bebrütet. Die Jungen schlüpfen nach 28 bis 30 Tagen. Während das Weibchen brütet, wird es vom Männchen mit Nahrung versorgt. Stadtkäuze, die im Winter weniger Nahrungssorgen haben als die Waldbewohner, brüten manchmal schon im Februar und März. Der Waldkauz ist ein cleverer Jäger, der sich auch an Ratten wagt oder Amseln erbeutet, die er aus dem Schlafbaum aufschreckt und davonträgt. Noch lange hört man dann das Geschrei der Erbeuteten. Zur Brutzeit greifen Waldkäuze auch den Menschen erbittert an, und manchmal kommt es vor, daß ein Mensch dabei ein Auge einbüßt. Der Waldkauz bleibt auch im Winter seinem Brutrevier treu.

Sein unheimlich klingender Ruf gab ihm seinen Namen

Der Uhu ist die größte europäische Eule und schon durch die Spannweite von bis zu zwei Meter unverwechselbar. Seit Jahrhunderten in Mitteleuropa so gut wie ausgerottet, wird der Uhu heute an geeigneten Orten wieder eingebürgert. Mit seinem Charakterkopf, den flammenfarbenen Augen und dem großzügig geschnittenen Federmantel in vornehmen Farben verdient der Uhu mit Recht die Bezeichnung »König der Nacht«. Schon vor Sonnenuntergang bricht er auf zur Jagd. Er schlägt den Hasen und den Kater, er greift mit seinen Dolchen dem Igel durch den Stachelpanzer, er holt die Krähe aus dem Schlaf und das Eichhörnchen aus dem Wipfel. Er kann einen ausgewachsenen Hasen mühelos durch die Luft tragen. Der Uhu zählt, wohl in Anpassung an sein Schwergewicht von maximal drei Kilogramm, zu den Felsbrütern; das Paar hält zäh an seiner einmal bezogenen Bruthöhle fest. Zur Balzzeit, im Februar und ausklingend im März, ruft der Uhumann in der letzten Dämmerung sein dumpfes »uhu« bis zu hundertmal. Alteingesessene Brutpaare sind nicht mehr so ruflustig, können aber mit einem Rivalenruf vom Tonband zum Antworten provoziert werden. Die Jungen zischen nach dem Ausfliegen – ein untrügliches Zeichen für ein besetztes Uhurevier. Selten werden mehr als zwei Junge flügge.

Nicht das Männchen, sondern das Weibchen ist das stärkere Geschlecht

Habicht und Sperber sind nahe Verwandte und einander sehr ähnliche Arten. Der Habicht ist allerdings größer und massiver gebaut als der zierliche Sperber. Bei beiden ist das Weibchen erheblich größer als das Männchen, so daß ein großes Sperberweibchen schon fast die Größe eines kleinen Habichtmännchens erreichen kann. Habicht und Sperber sind auch einem Bussard nicht unähnlich, so daß diese seltenen Greifvögel überall dort immer wieder geschossen werden, wo die Jäger den Bussard schießen dürfen. Der Habicht kann im Flug überaus schnell beschleunigen und ist zu den schärfsten Wendungen fähig. Er stürzt entweder plötzlich aus einer versteckten Warte hervor oder biegt überraschend um eine Ecke und schlägt seine Beute am Boden wie in der Luft. Er wagt sich an den Hasen und den Hahn. Viele Habichte haben schon auf dem Hühnerhof ihr Leben lassen müssen, weil sie im Kampfesrausch nicht merkten, daß der Bauer mit dem Knüppel lauerte. Andere Habichte kamen zu Tode, weil sie als »Reiter« auf einem flüchtenden Hasen gegen einen starken Ast geschleudert wurden. Auch wo der Habicht häufig vorkommt, sieht man ihn kaum, am ehesten noch im Frühjahr, wenn er hoch über dem Brutgebiet seine Flugkünste vorführt.

r Sperber angreift, t es immer blitzschnell

ɔer bevorzugt eine abwechs-
ıe Landschaft mit Wäldern,
und Lichtungen, wo er seine
t ausschließlich Kleinvögel,
schungsangriff schlagen
ührt wie der Habicht ein ver-
Leben. Nur im Winter wagt
in die Dörfer und schlägt die
ı Hühnerhof, den Grünfink
ıaus. Die kräftigen Weib-
en es auch mit Taube und
r auf und ringen sie nach
langem Kampfe nieder. Der amselgroße Sperbermann erbeutet Vögel bis Drosselgröße. Als tolldreister Jäger verfolgt der Sperber seine Beute bis in bewohnte Zimmer, in Holzstöße und Marktstände. Bei der Jagd folgt er dem fliehenden Vogel bei allen Schwenkungen, bis er nahe genug heran ist, um eines seiner langen Beine auszustrecken und die Beute zu ergreifen. So heftig ist meist der Griff, daß eine Wolke von Federn niedersinkt, wo der Sperber zugeschlagen hat. Zur Balzzeit im März kreist das Paar über dem Horstgebiet, manchmal so hoch, daß man es mit bloßem Auge nicht mehr sehen kann. Um diese Zeit beginnt das Männchen, sein Weibchen zu füttern, und setzt dann die Fütterung während der gesamten Brutzeit und in den ersten Wochen nach dem Schlüpfen der Jungen fort. Nur das Weibchen brütet und zerteilt die Beute für die Jungen.

Scheu und schlau: die Wildtiere im Wald

Wild und Wald – zwei Begriffe, die zusammengehören. Der Traum aller Naturfreunde: äsendes Rotwild zu sehen, den Fuchs aufzuspüren oder aus sicherer Entfernung ein Wildschwein zu entdecken, das sich im Schlamm suhlt. Und wer besonderes Glück hat, erspäht auch für ein paar Sekunden den Waschbär oder den Siebenschläfer

Eichhörnchen halten nicht viel von Geselligkeit

Eichhörnchen leben in Laub- wie in Nadelwäldern, in Parks und auch in Gärten der Städte mit großem Baumbestand. Dieser possierliche Kletterkobold mit den langen Ohrhaarpinseln ist meist rotbraun gefärbt, in einigen Gebieten auch braun bis schwärzlich. Die Unterseite dagegen ist bei allen Eichhörnchen weiß. Das als Einzelgänger lebende Tier hält nicht viel von Geselligkeit mit seinen Artgenossen. Man trifft es daher nur zur Paarungszeit oder an reichen Futterplätzen zu mehreren an. Es wohnt in selbstgebauten, mit Gras, Moos oder Haaren ausgepolsterten Kugelnestern oder Kobeln hoch oben in den Bäumen. Dort verschläft es die Nacht, manchmal auch regen- oder schneefallreiche Tage. Eichhörnchen halten keinen Winterschlaf, sondern sie legen, über viele kleine Einzelverstecke verteilt, gewisse Vorräte an Eicheln und Nüssen an. Oft sammeln sie im Herbst Pilze und klemmen sie in eine Astgabel, wo die Pilze trocknen und den Hörnchen so zusätzliche Winterkost bieten können. Als Nahrung dienen ihnen hauptsächlich Samen, Früchte, Nüsse, Beeren, Blüten, sogar Vogeleier und Jungvögel. Wenn jedoch einmal diese Nahrung nicht ausreicht, dann fressen sie im Winter auch Triebe und können so an den Bäumen erhebliche Schäden anrichten. Das Weibchen bringt jährlich zwei bis fünf Würfe mit je drei bis sieben nackten, blinden Jungen zur Welt. Sie öffnen nach einem Monat die Augen und sind mit zwei Monaten bereits selbständig.

Die Weibchen bringen bei einem Wurf bis zu zehn Junge zur Welt

Die Rötelmaus heißt auch Waldwühlmaus. Sie hat ihren Namen von der rötlichen Oberseitenfarbe (Flanken grau, Unterseite grauweiß), die sie sehr hübsch erscheinen läßt. An dem kurzen Schwanz, der nur halb körperlang ist, und den breiten, runden Ohren, die zu einem Drittel noch vom Fell überdeckt sind, erkennt man, daß sie eine Wühlmaus, also mit Feld-, Erd- und Schermaus nahe verwandt ist. Sie gräbt ihre Gänge im lockeren Boden des Laub- und Mischwaldes, kommt aber auch in Feldgehölzen und Parks vor. Am liebsten sind ihr schattige und laubbedeckte Plätze. Die oft in kleinen Familienverbänden lebende, wenig scheue Rötelmaus kann man zu allen Tages- und Nachtzeiten auf dem Waldboden herumlaufen sehen, wobei sie sich durch Rascheln und Quieken bemerkbar macht. Sie klettert oft ins Gezweig von Büschen und niedrigästigen Bäumen und nagt die Rinde ab. Auch schwimmt sie gut. Im Boden legt sie dicht unter der Oberfläche ein weitverzweigtes Gangsystem mit Nest- und Vorratskammern an. Als Nahrung dienen ihr Gräser, Kräuter, Knospen, Rinde, Sämereien, Früchte, Beeren, Pilze, Würmer und Kerbtiere. Das Weibchen bringt zwischen Mai und Oktober in drei bis vier Würfen nach jeweils 18 Tagen Tragzeit je drei bis fünf (manchmal sogar bis zehn) nackte und blinde Junge zur Welt. Mit zwölf Tagen öffnen die Kleinen die Augen, mit zwei Wochen werden sie entwöhnt und mit drei Wochen bereits selbständig. Nach rund drei Monaten können sie bereits selber wieder Junge bekommen. Ihre natürliche Lebensdauer beträgt zwei bis drei Jahre.

Die Haselmaus ist keine Maus, auch wenn sie so heißt und so aussieht

Haselmäuse gehören zur Nagetierfamilie der Schläfer. Sie bewohnen Wälder und Parklandschaften und führen ein heimliches nächtliches Leben. Unsere Haselmaus hat die Größe einer Hausmaus. Ihr langer Schwanz wirkt lampenputzerartig, denn er ist dicht und kurz behaart. Auch die haselnußbraune Farbe des weichen und dichten Felles weicht deutlich von der grauschwarzen der Hausmaus ab. Die Unterseite ist weißlich gefärbt. Die Haselmaus ist in der Freiheit nicht leicht aufzufinden, lebt sie doch versteckt auf gras-, kraut-, stauden- und gebüschreichen Waldlichtungen, an ebensolchen Waldrändern, in Jungbuchen- und Jungfichtenbeständen, in Hecken, Parks und Auwäldern. Im Gebirge trifft man sie bis 1500 Meter Höhe an. Ihr Vorkommen ist keineswegs an das Vorhandensein von Haselnußstauden gebunden. In ihren schlupfwinkelreichen Lebensstätten geht die wenig gesellige, gut kletternde und springende Haselmaus in der Dämmerung und Nacht auf Suche nach Knospen, Blüten, Sämereien, Beeren, Früchten, Rinde, Kerb- und Kleintieren. Tagsüber schläft sie in einem selbstgebauten, im dichten Bewuchs gut versteckten Kugelnest.

Während des Winterschlafs ist sein Körper ganz starr und kalt

Außer der Haselmaus leben bei uns noch zwei Schläferarten: Siebenschläfer und Gartenschläfer. Beide haben ein weiches und dichtes Fell, das beim Siebenschläfer grau, beim Gartenschläfer rötlichgraubraun ist. Der Siebenschläfer trägt einen dichtbuschigen Schwanz und sieht deshalb einem kleinen Eichhörnchen ähnlich. Der kurzhaarige Gartenschläferschwanz endet mit einer auffälligen schwarz-weißen Quaste. Außerdem kennzeichnen ein schwarzer und ein weißer Fleck unter dem Ohr den Gartenschläfer klar.
Den Siebenschläfer trifft man in unterwuchsreichen Laub- und Mischwäldern, in Gärten und Parks an. Im Herbst sucht er öfter die Dachböden wald- und parknaher Häuser auf und raubt durch sein nächtliches Umhertollen den Bewohnern den Schlaf, bis er sich endgültig zum Winterschlaf verkriecht. Auch der Gartenschläfer liebt Laub-, Misch- und Nadelwald, Parks, Gärten und Weinberge. Beide Arten sind ungesellig und nur in der Dämmerung und Nacht tätig. Sie ruhen tagsüber in selbstgebauten Kobeln im Blattwerk oder in Baumhöhlen und Gebäudeschlupfwinkeln, der Gartenschläfer auch in Felshöhlen und Steinmauerspalten. Als Nahrung dienen Blätter, Knospen, Beeren, Früchte, Obst, Samen, Rinde, Kerbtiere, Würmer, Schnecken, andere Kleintiere, Eier und Jungvögel. Das Weibchen bringt im Sommer nur einen Wurf mit zwei bis sechs (manchmal bis acht) nackten, blinden Jungen zur Welt, die nach zwei Monaten bereits selbständig werden. Spätestens im Oktober verkriechen sich die fett gemästeten Schläfer zum Winterschlaf tief in die Erde oder in einen anderen frostsicheren Schlupfwinkel.

In der Sprache der Jäger heißen die unteren Eckzähne Gewehre

Die Schweine sind eine alte Paarhuferfamilie, zu der auch das bei uns heimische Wildschwein gehört. Es liebt bewachsenes Gelände wie Laub- und Nadelwald, aber auch Feldgehölze und Schilf, und man kann ihm sogar im Gebirge bis zur oberen Baumgrenze begegnen. Wassernähe wird bevorzugt, da es sich gerne im Schlamm suhlt. Erstaunlich, daß es ausgezeichnet schwimmt, erreichen doch die Keiler (Männchen) ein Gewicht bis zu vier Zentner, die Bachen (Weibchen) bis zu drei Zentner. Die borstigen Haare haben eine dunkelgraue bis schwarze oder braune Färbung. Die unteren langen Eckzähne heißen beim Keiler Gewehre, bei der Bache, bei der sie schwächer sind, Haken. Sie wachsen nach dem zweiten Lebensjahr schräg aufwärts, sind weißglänzend und werden im Laufe der Jahre zu spitzen und scharfen Waffen. Die kürzeren oberen Eckzähne heißen Haderer. Das Wildschwein wählt sich tagsüber als Lager eine einfache Mulde, döst dahin und erhebt sich gegen Abend zum Fraß. Es ist im wesentlichen ein Pflanzenfresser, der von Pilzen, Beeren, Wurzeln, Knollen, Gräsern und Kräutern lebt, aber auch Würmer, Schnecken, Käfer, Engerlinge, Mäuse, Eier, Jungvögel und Aas nicht verschmäht. Mit besonderer Vorliebe sucht es nach Feldfrüchten wie Getreide, Mais und Kartoffeln – sehr zum Ärger der Bauern, denen es oft beträchtlichen Schaden zufügt. Keiler und Bache paaren sich bei uns im November und Dezember.

In der Brunftzeit, im Juli/August, werden die Platzböcke aggressiv

Die Paarhuferfamilie der Hirsche umfaßt weltweit 32 Arten. Nur drei von ihnen leben bei uns: das Reh, der Rothirsch und der Damhirsch. Das Reh ist der »Zwerg« unter ihnen. Sein Revier sind vor allem Wald und Parklandschaften, aber es findet auch in der Kultursteppe, in Heide und Moor und im Gebirge sein Fortkommen. So wurde es zur häufigsten heimischen Hirschart. Allein in der Bundesrepublik wurden im letzten Jagdjahr über 700000 Rehe erlegt. Was außerdem noch vom Verkehr zur Strecke gebracht wird, geht in die Zehntausende. Ereigneten sich doch im gleichen Jahr im gleichen Gebiet rund 200000 Verkehrsunfälle durch Wild, wobei 50 Menschen getötet und rund 2000 verletzt wurden und ein Sachschaden von etwa 100 Millionen DM entstand. Unser Reh entfaltet seine Haupttätigkeit in der Morgen- und Abenddämmerung bei der Futtersuche nach schmackhaften Gräsern, Kräutern, Blättern, Früchten, Beeren, Pilzen. Tagsüber ruht es wiederkäuend in seinem Einstand, einem möglichst ungestörten, windgeschützten, deckungsreichen Platz. Wird es aufgestört, so gibt es sein Erschrecken und Mißbehagen durch ein rauhes, lautes »Böh-böh-böh« bekannt. Das rote Sommerfell der Rehe wird im Herbst gegen ein sehr dichtes, graues Winterfell ausgetauscht, das im Frühjahr dann büschelweise ausfällt, so daß die Rehe sehr struppig aussehen. Beim Reh trägt nur das Männchen, der Bock, ein Geweih (vom Jäger Gehörn oder Gewichtel genannt), dessen beide Stangen normalerweise je nur mit einer Vorder- und einer Hintersprosse versehen sind (»Vierender«). Das Gehörn wächst ab November unter einer schützenden behaarten Haut, dem Bast, aus den Rosenstöcken des Stirnbeins empor und ist gegen Ende April fertig. Der Bock fegt (reibt) dann den vertrockneten Bast an Sträuchern und Jungstämmen ab. Gleichzeitig errichtet er ein Revier oder Territorium, das Wohngebiet einiger Weibchen (Ricken, Geißen) mit ihren im Mai gesetzten Kitzen (Jungen), das er als Platzbock gegen Nebenbuhler bis zur Brunft-(Paarungs-)Zeit im Juli und August verteidigt. Nach der Brunft werden die Böcke friedlich, und im Winter stehen sie gemeinsam mit einigen Ricken und Kitzen truppweise beieinander.

Ein Traum, den »König des Waldes« in freier Wildbahn zu sehen

Der Rothirsch galt schon immer als »König des Waldes« und Verkörperer einer edlen Wildgestalt, deren vielendiges Geweih von jeher eine begehrte Trophäe für die Jäger darstellte. Früher war der Rothirsch durch alle bewaldeten Landschaften bis zu den Hochalmen der Alpen hinauf verbreitet. Die zunehmende Besiedlung der Landschaft durch den Menschen und vor allem ihre Technisierung hat dem Rothirsch große Teile seines Lebensraumes genommen. Heute verwehrt ihm die Verbauung der Landschaft den herbstlichen Abzug von den Almen. Er muß im Gebirge bleiben und vom Menschen gefüttert werden, sonst könnte er dort gar nicht mehr bestehen. So sind die Rothirschvorkommen bei uns weitgehend auf die Mittelgebirge beschränkt und auch dort bereits sehr gering, so daß der Normalbürger den »Waldkönig« eher im Zoo oder Schaugehege als in freier Wildbahn zu sehen bekommt. Im natürlichen Lebensraum halten sich die Geschlechter vom Frühling bis zum Herbst getrennt. Die keine Geweihe tragenden Weibchen, vom Jäger als Kahlwild oder Stuck bezeichnet, suchen sich im Frühling ungestörte Einstände, wo jedes für sich sein Kalb setzen kann. Die Kälber sind durch ihr weißgeflecktes Jungenkleid und ihr stilles Liegen an einem deckungsreichen Platz während der ersten zwei Wochen gut geschützt. Danach folgen sie der Mutter, die dann die Gesellschaft ihres vorjährigen und oft auch vorvorjährigen Kalbes, das bereits selber ein Kalb führt, wieder duldet. So entsteht eine kleine Muttergesellschaft, die den Sommer gemeinsam verbringt. Die männlichen Tiere, die Hirsche, werfen im Februar ihre alten Geweihe ab, deren Stangen bald darauf aus den Rosenstöcken des Stirnbeins unter dem Schutz einer behaarten Haut, des Bastes, neu aufwachsen und mit zunehmendem Alter immer endenreicher werden. Die Hirsche bilden im Frühjahr und Frühsommer eigene kleine Trupps, oft ein starker Hirsch mit einigen schwächeren als Beihirsche. Anfang August sind die Geweihe fertig, der Bast wird abgefegt, doch bleiben die Hirsche noch einige Wochen, in denen sie sich mästen (Feistzeit), zusammen. Dann ergreift sie die Unruhe der Brunft. Sie suchen die Kahlwildrudel und werden im Kampf um die brünftigen Weibchen, von denen jeder möglichst viele als Brunftrudel zu gewinnen sucht, erbitterte Nebenbuhler.

Rotfuchs

Wenn der Fuchs nicht so schlau wäre, wäre er längst ausgerottet

Die letzten größeren Raubtiere in unseren Wäldern sind Rotfuchs, die Wildkatze und Waschbär. Die Rotfüchse zählen zur Familie der Hunde. Daß sie den vielfältigen Nachstellungen entkommen konnten, verdanken diese kleinen Raubtiere ihrer Fähigkeit, sich jedem Wechsel der Umweltbedingungen anzupassen. Sie wittern, hören und sehen ausgezeichnet, haben also hochentwickelte Sinne, die ihnen rechtzeitig Gefahren signalisieren, und dazu ein gutes Gedächtnis. Ein Fuchs tappt nur ein einziges Mal in eine ihm gestellte Falle. Wenn er ihr entkommen konnte, tappt er niemals wieder in eine zweite. Füchse leben als Einzelgänger. Ihre Burg ist ein tiefer, weit verzweigter unterirdischer Bau, oft ein alter, verlassener Dachsbau, gut getarnt, meist zwischen Felsgeklüft und starken Baumwurzeln angelegt. Hier ruht sich der Fuchs tagsüber aus. Erst mit eintretender Dämmerung geht er auf die Suche nach Freßbarem in seinem Revier. Sein Speisezettel umfaßt Kerbtiere, Vogeleier, Jungvögel, Jungwild, Hasen, Kaninchen – vor allem aber Mäuse, die seine Hauptnahrung bilden. Dreist wagt er sich auch in Bauernhöfe und Ställe, reißt Hühner, Gänse und Enten, selbst wildernde Katzen haben gegen ihn kaum eine Chance des Überlebens. Ein Raubtier – ja, aber ein nützliches. Der Fuchs spielt als eine Art Gesundheitspolizei eine wichtige Rolle in Wald und Feld, frißt alle verkümmernden und kranken Tiere und auch Aas, vertilgt Mäuse und Kerbtiere.

Sie sind nicht größer als Katzen, aber die gefährlichsten Räuber im Wald

Vor 50 Jahren gab es bei uns nur 20 Waschbären, jetzt sind es über 100000. Ihre Heimat ist Nordamerika. 1934 wurden zwei Paare im Ederseegebiet in Hessen ausgesetzt, weil man sich von ihnen eine Bereicherung der Wildbahn versprach. Heute sind sie die geschicktesten Räuber in deutschen Wäldern. Aber kaum ein Waldspaziergänger bekommt sie jemals zu Gesicht, und nur selten gelingt einem Jäger, der ihnen auflauert, ein Abschuß, so vorzüglich verstehen sich die nachtaktiven Tiere zu tarnen. Zur mausgrauen Kugel zusammengerollt, entziehen sie ihr auffälliges schwarz-weißes Gesicht und den gestreiften Schwanz jeder Sicht. Sie gehören zur Familie der Klein- oder Vorbären. Den terriergroßen, spitzschnäuzigen Waschbären ziehen Gewässer besonders an, denn an ihren Ufern bummelt er gern entlang auf der Suche nach Beute, zu der auch Frösche, Krebse und Fische gehören. Er schwimmt und klettert gut. Tagsüber ruht er in Baumhöhlen oder Felsspalten. In der Dämmerung wird er munter und durchstreift sein Revier am Boden und im Geäst auf der Suche nach Futter. Dazu gehören Kleintiere aller Art, auch Jungvögel, Jungwild bis Rehkitzgröße, Kaninchen, sowie Beeren, Früchte, Nüsse, Obst und Getreidekörner. Sand- oder erdbehaftetes Futter wäscht er am Gewässerrand sauber (daher sein Name), doch tut er das nicht regelmäßig und in der Gefangenschaft häufiger als im Freiland. Außer zur Paarungszeit im Spätwinter ist er Einzelgänger. Die Bärin wirft nach 63tägiger Tragzeit in einer Baum- oder Felshöhle zwei bis sieben blinde Junge, die nach rund drei Wochen die Augen öffnen, nach sieben Wochen entwöhnt und mit sechs Monaten in den Daseinskampf entlassen werden. Im Herbst mästet sich der Waschbär eine Fettschicht an, um an kalten, unwirtlichen Wintertagen schlafend, jedoch nicht im echten Winterschlaf, in seiner Höhle verbleiben zu können. Sein Winterfell liefert ein wertvolles Pelzwerk.

Unzählbar wie die Sterne: das Heer der Waldinsekten

Sie rascheln im Laub und krabbeln versteckt in der Rinde. Leuchtkäfer senden ihre geheimnisvollen Liebessignale. Drohend streckt der Hirschkäfer seine Zangen nach Beute aus. Schmetterlinge gaukeln in den Wipfeln, wo Licht ist. Und Heere von Ameisen ziehen auf tausend Wegen zur Arbeit

Sie saugen den Nektar aus Blumen, die in der Dämmerung duften

Wenn ein Schmetterlingsfreund von »Eulen« redet, so meint er nicht die Vögel der Nacht, sondern die artenreichste Schmetterlingsfamilie der Erde. Über 25 000 Arten wurden beschrieben, 650 davon leben in Mitteleuropa, über 450 in Deutschland. Die meisten Eulen sind mittelgroße Falter. Die größte einheimische Eule, das Blaue Ordensband, bringt es auf eine Spannweite von elf Zentimetern. Eulen sind durchweg nachtaktiv. Sie saugen Nektar aus den Nachtfalterblumen, die erst in der Dämmerung zu duften beginnen und sich mit Honig füllen. Eulen lieben auch gärende Säfte und umlagern blutende Bäume. Einige Arten zählen zu den Wanderfaltern, die alljährlich weit nach Norden vorstoßen, wo sie den Winter jedoch nicht überleben. Die Raupen mancher Eulen können gefürchtete Schädlinge sein. Unser Bild zeigt aus dieser artenreichen Familie die Goldeule oder das Goldene C, eine besonders schöne, aber vielerorts seltene Eule, deren Raupe ganz spezielle Futterpflanzen verlangt, nämlich Akelei und Wiesenraute, und ein sehr bizarr gestaltetes Geschöpf ist. Der Falter fliegt in den wärmsten Sommernächten im Juni und Juli. Die Eier werden an den Futterpflanzen abgelegt, und die Raupen überwintern halb erwachsen in der Bodenstreu. Im Mai kann man sie an schattigen Standorten im Wald auf der Futterpflanze suchen.

Er heißt zwar Ameisenbuntkäfer, aber Ameisen mag er nicht

Die 16 heimischen Buntkäfer sind durchweg hübsche, sehr bewegliche und flinke Käferchen. Sie verkriechen sich bei einer Störung blitzschnell in Rindenritzen. Gegenüber kleineren Insekten werden sie zu unerbittlichen Räubern. Das gilt auch für den Ameisenbuntkäfer (links), der aber nicht von Ameisen lebt, sondern von Borkenkäfern. Er beißt diese hart gepanzerten Käferchen in zwei Teile und frißt sie aus. Wo Borkenkäfer überhandnehmen und den Wald gefährden, stellen sich bald zahlreiche Buntkäfer ein und dezimieren die Schädlinge. So haben sie schon so manche Wälder vor dem Absterben gerettet. Auch die Larven des Käfers halten sich an die »Diät«.

Die Prachtkäfer tragen ihren Namen zu Recht: Viele könnte man lebende Edelsteine nennen. Prachtkäfer (oben) sind eifrige Blütenbesucher, die aber schon bei der geringsten Störung so rasch davonfliegen, daß man sie nicht oft zu sehen bekommt. Die Prachtkäfer haben einen überaus harten Panzer und fühlen sich fast wie Steine an. Die Larven der Prachtkäfer leben im Inneren von Hölzern und Kräutern. Weltweit kennt man um 13 000 Prachtkäferarten. Viele davon sind selten bis sehr selten und wurden daher in Käfersammlungen zu kostbaren, sorgsam gehüteten Schätzen. 85 Arten aus Mitteleuropa sind beschrieben worden.

Leuchtkäfer können ihr Licht einschalten wie Menschen eine Lampe

Die Leuchtkäfer haben Ungewöhnliches zu bieten: Licht, kaltes Licht. Es entsteht durch chemische Prozesse in speziellen Leuchtorganen mit einer Energieausbeute, die menschlichen Beleuchtungstechnikern unerreichbar ist. Zudem können die Leuchtkäfer ihr Licht an- und abschalten wie wir eine Zimmerlampe. Der Name Leuchtkäfer paßt allerdings nur zu den Männchen, die die typische Käfergestalt haben. Die Weibchen dagegen wirken madenartig, sie sind geschlechtsreif gewordene Larvengestalten. Auf sie paßt der Name »Glühwürmchen«. Beide Geschlechter leuchten, ebenso die Larven und Puppen und bei manchen Geschlechtern sogar die Eier. Warum die Larven leuchten, ist unbekannt. Die erwachsenen Tiere aber leuchten, um den Paarungspartner anzulocken. Die Weibchen des Johanniswürmchens erscheinen recht pünktlich am Johannistag (20. Juni) und leben bis etwa zur Julimitte. An warmen Abenden, wenn es ganz dunkel geworden ist, ersteigen sie einen Zweig, schalten ihr Licht ein und heben langsam den Hinterleib mit dem Leuchtorgan. Nach kurzem Leuchten machen sie eine kleine Drehung und senden so ihr Lichtsignal in alle Richtungen.

Aus Schokolade gibt es ihn immer noch, als Käfer ist er ausgerottet.

Der Feldmaikäfer war früher einer der verbreitetsten Käfer und konnte in »guten« Maikäferjahren ganze Wälder kahlfressen. Im südlichen Europa zählt er auch heute noch zu den größten Schädlingen. Die Männchen – unser Bild – tragen sieben große, die Weibchen sehr kleine Blätter an ihren Fühlern. Es sind die Geruchssinnesorgane, also »die Nasen« der Maikäfer. Nach Sonnenuntergang und pünktlich Anfang Mai beginnt die Flugzeit der Maikäfer, und wo sie in Schwärmen fliegen, ist für eine halbe Stunde die Luft erfüllt von dem tiefen Baß der um die Baumkronen summenden Käfer. Anschließend beginnt die Stunde des Fressens. In ihrer unersättlichen Gier und zum Zorn der Forstleute beißen sie viel mehr Blätter ab, als sie verzehren können. Kurz nach dem Beginn der Flugzeit paaren sich bereits die ersten Käfer, und wenig später sterben die Männchen. Die Weibchen aber graben sich am Tage nach der Paarung in die Erde ein und legen in 20 Zentimeter Tiefe ihre großen, mattweißen Eier ab. Erst im Juli und August, wenn die Eltern längst gestorben sind, schlüpfen die Larven aus den Eiern. Sie sind elfenbeinweiß, gekrümmt und blind und heißen Engerlinge. Die Engerlinge verbeißen die Wurzeln verschiedener Hölzer, überwintern unter der Frostzone und sind mit drei oder vier Jahren verpuppungsreif.

Bockkäfer

Die »Antennen« eines Bockkäfers sind doppelt so lang wie er selbst

Die steile Stirn und die geschwungenen »Antennenhörner«, gemeinsames Kennzeichen aller Bockkäfer, erinnern wirklich an einen Ziegenbock. Der größte einheimische Bock ist mit einer Körperlänge von fünf Zentimeter und einer Antennenspannweite bis zu zehn Zentimeter der Heldbock. Er lebt am liebsten in alten, knorrigen und oft wipfeldürren Eichen, in denen sich die Larven von Holzgenage ernähren. Ziemlich selten geworden ist der Zimmermannsbock, dessen Antennen zehnmal länger sind als der Körper. Alle Böcke leben als Vegetarier. Die großen Arten trinken an blutenden Bäumen, die kleinen sammeln Blütenstaub in Dolden- und Korbblüten, wo sie sich manchmal zu Gesellschaften zusammenfinden. Die abgebildete Art, der Linienbock, hält sich im Hochsommer auf Weiden auf, wo er seine Eier in grüne Zweige versenkt. Die Larve bohrt sich dann ins Mark und frißt es binnen zwei Jahren auf 30 bis 40 cm Länge aus. Die meisten Böcke sind groß, und einer von ihnen ist der größte Käfer der Welt. Er war früher unter Sammlern ein Vermögen wert und gilt auch heute noch als Kostbarkeit. Die Larven dieses Giganten unter den Käfern werden von den Eingeborenen gerne gegessen. Ein anderer Riesenbock wurde auf diese Weise ausgerottet. Nur wenige Museen hüten als Erinnerung an eine ausgestorbene Tierart die Hülle eines solchen Käfers.

Hirschkäfer

Obwohl er schon lange geschützt ist, gehört er zu den aussterbenden Käfern

Der Hirschkäfer ist der größte Käfer Mitteleuropas; die Männchen können 75 mm lang werden, die Zangen mitgerechnet. Einst war er in lichten Eichenwäldern nicht selten, aber heute ist er weithin ausgerottet, weil sein Lebensraum, zu dem alte, mulmige Eichenstubben und blutende Eichenbäume gehören, so gut wie vernichtet wurde. Es hat auch wenig geholfen, daß er schon 1933 unter Naturschutz gestellt wurde. Wenn nicht der Lebensraum erhalten wird, ist aller Schutz der Art vergeblich. Nur die männlichen Hirschkäfer haben die gewaltigen Zangen. Die Käfer fliegen in der zweiten Junihälfte an lauen Abenden mit lautem Gebrumm umher und versammeln sich an blutenden Eichen, um den ausfließenden Saft mit ihren roten Pinselzungen aufzulecken. Die Weibchen mit ihren kurzen, kräftigen Kiefern sollen auch selber die Eichen zum Bluten bringen können. Sie legen ihre Eier in den Mulm morscher Eichen und sterben anschließend ihren Alterstod. Aus den Eiern schlüpfen typische Engerlinge mit blasig aufgetriebenem Hinterleib. Er enthält die »Gärkammer«, in der Mikroorganismen die schwer verdaulichen Holzbestandteile aufspalten und daraus für den Engerling verwertbare Nährstoffe herstellen.

Die gefährlichste Waffe der Ameisen ist die Säure, die sie verspritzen

Die Staaten der Roten Waldameise sind komplizierte Gemeinschaften mit bis zu zwei Millionen Mitgliedern. Das Territorium eines Ameisenvolkes, in dem es Straßen und Bauten gibt, wird gegen die Angehörigen anderer Völker verteidigt. Das Staatswesen der Ameisen ist kaum mit menschlichen Gemeinschaften zu vergleichen und auf seine Art einmalig und voller Wunder.

Hoch entwickelt ist die Arbeitsteilung. Es verhält sich allerdings nicht so, daß jede Ameise nur einen »Beruf« ausüben könnte, sie kann fast alles. Aber wenn sie merkt, daß eine bestimmte Arbeit getan werden muß, so stellt sie sich zur Verfügung und tut, was für die Gemeinschaft notwendig ist. So wird sie Kundschafter, Jäger, Soldat, Baumeister, Kindermädchen, Hirte, Gärtner oder sogar Totengräber. Die Jäger jagen meistens in Gruppen. Hat einer eine Beute gefaßt, hält er sie zunächst nur fest. Andere Jäger kommen und verstärken die Fesselung. Wieder andere zerbeißen die Panzerung der Beute und bespritzen sie mit Ameisensäure, einem für Kleintiere tödlichen Gift. Die getötete Beute wird ins Nest geschleppt, wenn sie transportabel ist. Dabei zieht jede Ameise für sich alleine, aber da alle zum Nest wollen, setzt sich der Lastzug doch mit viel Hin und Her in Bewegung. Hat er einmal eine der gepflegten Ameisenstraßen erreicht, geht es rascher voran. In den Gewölben der Ameisenburg wird die Beute dann zerlegt und verteilt, wobei der Hungrigste am meisten bekommt. An einem einzigen Sommertag können Zehntausende von Beutetieren zu einem Ameisenbau geschleppt werden. Einzigartig ist die chemische Waffe der Roten Waldameise: Sie kann einen Strahl hochprozentiger Ameisensäure bis zu 60 cm weit gezielt gegen den Feind spritzen. Dazu richtet sie sich steil auf und wendet den Hinterleib gegen den Angreifer. Man hat dabei den Eindruck von »tanzenden Ameisen«, wie unser Bild sie so eindrucksvoll zeigt.

Alles, was da kriecht und springt und schleicht

Wo die Kreuzotter plötzlich auftaucht, bleibt nicht nur den Tieren das Herz stehen, sondern auch den Menschen. Wo auf den Feuersalamander ein Strahl Sonne fällt, kann man sich an seiner Schönheit nicht satt sehen. Und wer die Kröten länger beobachtet, erkennt, daß sie nicht so häßlich sind, wie man es immer meint

Das schwarze Zickzackband auf dem Rücken ist ihr Kennzeichen

Die Kreuzotter ist die einzige nördlich der Alpen weit verbreitete Giftschlange. Die Grundfarbe der Männchen ist weißgrau, silbergrau oder blaugrau, das Zickzackband auf dem Rücken dagegen schwarz. Die Grundfarbe der Weibchen ist lehmbraun, braunrot oder ziegelrot, das Zickzackband dunkelbraun. Als besonderes Kennzeichen tragen die Kreuzottern auf dem Hinterkopf einen dunklen, mit der Spitze nach vorne gerichteten Keil oder ein X. Ihre gefährlichen Waffen sind die beiden Giftzähne im Oberkiefer, drei bis vier Millimeter lang, die sich aufrichten können, wenn das Maul aufgerissen wird. Dann pressen sie auf die Giftdrüse, aus der das Gift in die Kanülen der nadelspitzen Zähne getrieben wird. Die Kreuzotter schlägt ihre Beute mit einem blitzschnellen Giftbiß, läßt sie dann wieder frei und wartet, bis nach kurzer Flucht das Gift gewirkt hat. Dann folgt sie wie ein Spürhund dem Fluchtweg und verschlingt ihr Opfer vom Kopf her. Im April führen Kreuzottern seltsame Tänze auf. Zwei Männchen richten ihre Köpfe gegeneinander und stoßen mit den Köpfen zu, ohne zu beißen. Erst nach diesen Rivalenkämpfen finden sich Männchen und Weibchen zusammen. Im Hochsommer werden die Jungen geboren.

Unter der Haut findet man bei ihr Reste einstiger Arme und Beine

Die Blindschleiche ist weder blind noch hat sie ein besonderes Talent zum Schleichen. Sie ist auch keine Schlange und mit einer solchen nicht näher verwandt als etwa eine Schildkröte. Nur sind bei ihr, ähnlich wie bei den Schlangen, die Gliedmaßen verschwunden. Unter der Haut findet man bei der Blindschleiche allerdings noch letzte Reste ehemaliger Arme und Beine. Die Blindschleiche lebt halb unterirdisch unter Fallaub und vorjähriger Vegetation, so daß man sie auch dort kaum zu sehen bekommt, wo sie häufig ist. Nur selten wärmt sie sich in der Sonne oder geht an der Erdoberfläche auf Jagd. Ihre Hauptbeutetiere sind Würmer und Schnecken, also noch langsamere Tiere als sie selber. So kann sie es sich leisten, nur nach langem Zögern und Prüfen zuzubeißen. Manchmal verbeißt sie sich in der größten Wegschnecke und läßt auch in großer Bedrängnis nicht wieder los. Schon neugeborene Blindschleichen verbeißen sich in Regenwürmer, die viel größer sind als sie selber, und lassen sich von dem Wurm davonschleifen. Die jungen Blindschleichen tragen ein braunes Jugendkleid mit dunklen Seiten- und Rückenstreifen. Im Alter behalten die Weibchen diese Färbung bei, die Männchen werden dagegen einfarbig graubraun mit eingestreuten himmelblauen Flecken. Die alten Männchen sind oft mit Narben übersät, und vielen fehlt ein Stück vom Schwanz, das im Laufe der Jahre allerdings einigermaßen wieder nachwächst. Blindschleichen können sehr alt werden, vielleicht so alt wie der Mensch. Sie paaren sich im April, kurz nach dem Ende des Winterschlafs, unter vielfachen Umschlingungen, und im Hochsommer bringen die Weibchen zehn bis 15 fingerlange Junge zur Welt, indem sie recht eigenartige Eier legen: Sie sind trüb durchsichtig, beinahe schwabbelweich. Von außen sieht man, wie sich die Jungen winden. Minuten nach der Eiablage durchstoßen sie die Eischalen und zappeln sich ins Freie. Anfangs schleppen sie noch einen gelben Dottersack hinter sich her, der dann aber abfällt. Etwa im Oktober bohren sich die Blindschleichen tiefer in den Waldboden ein und verbringen die Wintermonate halb erstarrt und schläfrig.

Die Hautdrüsen des Salamanders produzieren ein gefährliches Gift

Kein Feuersalamander gleicht dem anderen. Es gibt fast rein gelbe und fast rein schwarze. Unverwechselbar sind sie alle. Der Feuersalamander lebt nur im Bergland, weil seine Larven an klare, rasch fließende Gebirgsbäche gebunden sind. Er ist von Nordafrika über Europa bis nach Ostasien verbreitet. Feinde hat er kaum, wenn auch einmal eine Ringelnatter sich an einem Salamander vergreift. Sie muß es möglicherweise mit dem Leben bezahlen, denn die Hautdrüsen des Salamanders produzieren ein starkes Gift, das Salamandrin. Es verursacht schwere Krämpfe und in genügend hoher Dosis Tod durch Atemlähmung. Feuersalamander werden uralt. Sie finden sich zur Überwinterung alljährlich meist in bestimmten Höhlen oder Felsspalten ein, wo man sie an ihrem Farbmuster wiedererkennt. Im April kommen sie wieder zum Vorschein, paaren sich, und die Weibchen setzen ihre Larven in die Bergbäche ab. Die Larven haben büschelförmige Kiemen an den Kopfseiten und einen abgeflachten Ruderschwanz.

Der »Gesang« einer Männchengruppe klingt wie Glockengeläute

Der merkwürdige Name stammt von der seltsamen Brutpflege dieses auf der ganzen Welt einmaligen Froschlurchs. Paarung und Eiablage finden auf dem Lande statt. Dabei wickelt sich das Männchen die in Schnüren zusammenhängenden Eier um die Hinterbeine und trägt sie dann für einige Wochen mit sich herum. Es ist fast unmöglich, die Eier ohne die Hilfe des Vaters zur Entwicklung zu bringen, denn einerseits sind sie sehr durch Austrocknung bedroht, andererseits können sie bei zu feuchter Lagerung verpilzen. Wenn der Vater spürt, daß die Larven schlüpfreif werden, bringt er die Eier in ein stehendes Gewässer. Hier sprengen die Larven alsbald die Eihüllen und schwimmen davon. Die Kaulquappen können bis acht Zentimeter lang werden und brauchen zu ihrer Entwicklung oft ein volles Jahr, sie müssen dann einmal unter dem Eis überwintern. Sie ernähren sich, wie die Larven der anderen heimischen Froschlurche, von verrottendem Pflanzenmaterial mit den darin enthaltenen Mikroorganismen. Die Geburtshelferkröten selber sind Räuber, die sich vor allem von Insekten und Spinnen ernähren. Tagsüber halten sie sich im Erdreich eingegraben verborgen. Nachts hüpfen sie mit kurzen Sprüngen umher. Die Männchen haben eine überaus schöne, glockenreine Stimme und quaken im Frühsommer zu jeder Tageszeit, meist im Eingang ihrer Wohnhöhle sitzend, so daß man den Ursprung der Töne nur schwer orten kann.

Auf dem Weg zu den Laichgewässern werden Tausende überfahren

Die Wechselkröte (oben) ist ein mehr östliches Tier, der Rhein bildet etwa die Westgrenze. Im April erscheinen die Männchen in ihren Laichgewässern und lassen dort bis weit in den Sommer hinein ihren wohllautenden Trillerruf erklingen. Die Weibchen kommen nur zu Paarung und Eiablage ins Wasser und ziehen sich dann wieder auf das Land zurück, wo sie große Trockenheit ertragen können. Meist bewohnen sie eine bestimmte Höhle und kehren nach ihren nächtlichen Raubzügen zielsicher wieder zu ihr zurück. Der Name Wechselkröte bezieht sich auf die Fähigkeit zum Farbwechsel, der allerdings nicht sehr ausgeprägt ist. Häufiger als die Wechselkröte kommt bei uns die Erdkröte vor (Bild rechts). Die Kröten halten treu zu ihrem heimatlichen Brutplatz. Auf ihren Wanderungen zu den Laichgewässern im April werden oft Tausende von ihnen von Autos überfahren, wenn sie Straßen überqueren müssen. Der Krötenlaich besteht aus etwa bleistiftdicken Gallertschnüren, in die als Perlenkette die samtschwarzen Eier eingelagert sind. Bei der Eiablage spannen die Kröten diese Laichschnüre zwischen den Wasserpflanzen aus. Aus den Eiern schlüpfen tiefschwarze Kaulquappen, die sich bis zum Hochsommer in kleine, etwa fliegengroße Krötchen verwandeln.

FELDER, WIESEN, HECKEN

Es begann alles vor 50 Millionen Jahren mit einer schlichten, einfachen Pflanze, dem Gras. Aus diesem Urgras entwickelten sich seitdem mehr als 8000 Arten, eine große Familie, zu der auch das Getreide zählt: Hafer, Hirse, Mais, Gerste, Weizen und Reis. Aus dieser Urlandschaft des Grases wurden im Laufe von Jahrtausenden die Kulturlandschaften, die Felder und Wiesen. Auf den Feldern wuchs die Nahrung für den Menschen, auf Wiesen weidete das Vieh. Vögel, Insekten, Wild- und Kriechtiere fanden ideale Lebensbedingungen. Die überall eingestreuten Hecken und Baumgruppen boten Verstecke und Windschutz. In Ermangelung von Kunstdünger ließen die Bauern große Flächen brach liegen, bis sich der Boden wieder erholt hatte. Die Unkräuter waren willkommene Futterpflanzen für unzählige Tagfalterarten, der Kuhdung zog Insekten an, und wo es Insekten gab, konnte sich eine bunte Vogelwelt entfalten. In den letzten Jahrzehnten indes wurde dieses Gleichgewicht von Pflanzen- und Tierarten mehr und mehr zerstört. Kunstdünger verwandelte blumenübersäte Magerrasen in eintönige Fettwiesen. Unkrautvernichtungsmittel führten zu einer Verarmung der Flora. Insektengifte töteten nicht nur Schadinsekten, sondern auch die nützlichen Insekten zu Milliarden. Die sogenannte Flurbereinigung führte zu einer Flurverödung. Hecken und Baumgruppen wurden gerodet, Verstecke für Reptilien und die Nester der Vögel vernichtet. Erst allmählich wächst die Einsicht, daß es vernünftiger ist, auch diesen Bereichen der Natur Zeit zur Erholung zu geben.

Für die Vögel wird das Überleben immer schwerer

Noch singen die Lerchen ihre Lieder hoch über Feldern und Wiesen. Noch finden Stieglitz und Goldammer Schutz in vereinzelten Büschen und Hecken. Doch immer mehr zerstört der Mensch diesen einst so paradiesischen Lebensraum. Mehr und mehr beherrschen die Robusten diese Reviere: Elster, Krähe, Mäusebussard und Falke

In einem Märchen steht, Gott habe ihm den Rest der Farben gegeben

Den Stieglitz kann man an seiner roten Gesichtsmaske leicht erkennen. Anders als die meisten aus seiner Finkenverwandtschaft ist er ein geschickter Kletterer, der mit seinem Pinzettenschnabel gerne Sämereien, vor allem Distelsamen, aus den Blütenköpfen klaubt. Am Boden sieht man ihn nur selten. Im Sommer leben die Stieglitze paarweise in einem verteidigten Revier. Beide Geschlechter sehen fast gleich aus, nur ist die rote Gesichtsmaske beim Weibchen schmaler und reicht kaum bis zum Auge. Das Nest liegt wohlverborgen in drei bis zwölf Meter Höhe und ist ein liebevoll gearbeiteter und dauerhafter Bau, der vom Weibchen allein errichtet wird; dabei weicht das Männchen allerdings nicht von seiner Seite. Zur Brutzeit sucht der Stieglitz meist die Nähe des Menschen und brütet oft in Bauerngärten, im Süden auch mit Vorliebe auf Campingplätzen, dicht über den Köpfen der Urlauber, die seine Brut bewußt oder unbewußt gegen viele Bedrohungen verteidigen. Meist kommt es zu zwei Bruten im Jahr, einmal im Mai und dann wieder im Juli. Während der Brutzeit füttert das Männchen sein Weibchen auf den Eiern. Die Jungen werden hauptsächlich mit im Kropf vorgeweichten, halbreifen Sämereien, in der ersten Woche auch mit zarten Insekten wie Blattläusen aufgezogen. Die Familie bleibt noch lange nach dem Ausfliegen zusammen. Den Jungvögeln fehlt bis zur ersten Mauser die rote Gesichtsmaske, und ihr Gefieder ist im ganzen blasser als das der Altvögel. Mitte Juni sieht man die ersten flüggen Jungvögel. Während der Brutzeit hört man im Brutrevier zu fast allen Tageszeiten den Gesang, in dem man die Silbenfolge »stigelit« heraushört.

Das Lied der Goldammer ist Leitmotiv für Beethovens Fünfte

Die Ammern sind den Finken ähnliche Vögel, unterscheiden sich von ihnen aber dadurch, daß ihr Unterschnabel viel kräftiger ist als der Oberschnabel. Unsere häufigste und auch typischste Ammer ist die Goldammer. Nur das Männchen hat den goldgelben Kopf, aber beide Geschlechter zeigen im Flug ihren zimtbraunen Bürzel. Als ausgesprochener Bodenvogel kann die Goldammer zwar auf Zweigen sitzen, aber nicht von Zweig zu Zweig hüpfen. Bei Neuschnee erscheint sie am winterlichen Futterhaus, aber sobald die Sonne die ersten Hänge schneefrei gemacht hat, zieht sie wieder auf die Felder zurück. Schon im Februar singen die Hähne auf noch kahlen Zweigen ihr einprägsames Liedchen, das Beethoven zu dem berühmten Thema seiner Fünften Symphonie inspiriert hat. Der Meister hat aber den abgerundeten Vortrag der Ammer so gekürzt, daß er offen wurde für die mannigfaltigsten Variationen. Vor der Paarung heben beide Partner Halme auf und lassen sie wieder fallen. Das hat die Bedeutung eines gegenseitigen Gelöbnisses: So wollen wir uns ein Nest bauen. Das Nest baut dann aber nur das Weibchen, auf dem Boden oder niedrig in der Bodenvegetation. Die Jungen werden mit zarten Insekten gefüttert, die vorher im Schnabel des Altvogels durchgekaut wurden. Wenn er Heuschrecken bringt, frißt er die harten Sprungbeine selber. Solange die Jungen noch blind sind, stellt sich der Altvogel zur Fütterung breitbeinig über das Nest und lockt. Auf den Lockton reißen die Jungen die Schnäbel auf.

Ihr Nest ist eine lockere Reisigschale in den Fichten

Die Ringeltaube ist die größte einheimische Taube. Die Altvögel erkennt man an ihrem weißen Halsseitenfleck. Unsere Felder bevölkern auch Scharen von Stadttauben, die seltenen Hohltauben und die viel kleineren zierlichen Turtel- und Türkentauben. Die Turteltaube hat sich in den letzten Jahrzehnten besonders stark vermehrt, weil ihre Feinde, die Falken und Habichte, intensiv bejagt wurden.
Auf den ersten Blick scheint die Vermehrung der Ringeltaube nur schwach, denn sie legt stets nur zwei Eier, aber dafür brütet sie unermüdlich vom April bis in den August. Das Nest ist nichts weiter als eine lockere Reisigschale. Es liegt meist in Fichtenkulturen, und wo Bäume fehlen, wie auf den Nordseeinseln, liegt es auch auf dem Boden. Die Taube brütet etwa von 16 Uhr bis 8 Uhr früh, in der übrigen Zeit löst sie der Tauber ab. Nach einer Störung neigen die Tauben dazu, die Brut zu verlassen und an versteckter Stelle eine neue zu beginnen. In manchen Städten ist die Ringeltaube zum vertrauten Stadtvogel geworden. In Parkanlagen kann man ihre drollige Bodenbalz beobachten. Dabei trippelt der Tauber hurtig hinter der Taube her und verbeugt sich gravitätisch. Dann sagt er dumpf »rruuh« und macht ein paar Hopser. Über dem Wald sieht man auch seine Flugbalz.

Turmfalke

Auf der Jagd nach Beute läßt er sich wie ein Stein zu Boden fallen

Der Turmfalke ist neben dem Mäusebussard unser häufigster Greifvogel. Man erkennt ihn an seiner schnittigen Gestalt, dem langen Schwanz und vor allem an seinem Rüttelflug: Dabei steht er mit raschen Flügelschlägen im Wind und sucht die Wiese unter sich nach Mäusen ab, die seine Hauptnahrung bilden. Hat er eine Beute entdeckt, so schwebt er tiefer, rüttelt erneut, läßt sich noch tiefer sinken und stößt schließlich wie ein Stein mit angelegten Flügeln zu Boden, so daß man von ferne meint, er müßte alle Knochen brechen. In Notzeiten wagt er sich wohl auch an eine Amsel, die mit etwa 100 Gramm halb so schwer ist wie er selber. Immer aber greift er seine Beute nur am Boden an. Bei allen für ihn aufregenden Situationen läßt er seine gellende, kichernde Stimme hören. Damit macht er in den Wochen vor der Brutzeit auch auf seine Paarung aufmerksam. Wie alle Falken baut er kein Nest, sondern legt seine Eier auf den nackten Untergrund, oft in Mauernischen an hohen Gebäuden, ebenso aber auch in vorjährige Krähennester. Er nimmt auch geräumige Nistkästen an. Gerne lebt er in hohen Kirchtürmen, wo man seine Flugkünste in den Windwirbeln bewundern kann. Meist brütet er nur einmal im Jahr.

Hochspannungsleitungen werden für den Bussard oft zur tödlichen Gefahr

Wenn man irgendwo auf freiem Felde einen gut hühnergroßen Greifvogel still auf einer erhöhten Stelle sitzen sieht, handelt es sich fast mit Sicherheit um einen Mäusebussard bei seiner Ansitzjagd. Er ist mit etwa 40000 Brutpaaren in der Bundesrepublik der verbreitetste Greifvogel Europas. Bei seiner Vorliebe für erhöhte Aussichtspunkte verunglückt er nicht selten auf Hochspannungsmasten, wenn sein Kotstrahl einen elektrischen Schlag verursacht. Er erbeutet vor allem Mäuse und andere mäusegroße Wirbeltiere. Einzelne Spezialisten vergreifen sich auch im Hühnerhof an den Hennen oder schlagen Rebhühner und sogar Fasane. Der Bussard hat schon Wiesel ergriffen und durch die Luft davongetragen, bis das sich in seinen Krallen windende Tier ihm einen tödlichen Biß versetzte und er verblutend mit seiner sterbenden Beute zur Erde stürzte. Er frißt auch tote Tiere. Im Winter kämpfen die Bussarde nicht selten so erbittert um ein Stück Fallwild, daß man sie mit den Händen fangen könnte. Der Bussard greift auch die Kreuzotter an und muß sterben, falls sie ihn beißen kann, bevor er den tödlichen Griff ansetzt. Wenn der Winter nur ein paar Zentimeter Schnee bringt, geht es dem Bussard gut; denn auf dem Schnee kann er seine Beute viel besser erkennen als auf dem Acker.

Sein Überlebensgeheimnis: Umstellung vom Wiesen- zum Ackerbrüter

Der Kiebitz ist der Regenpfeifer, der am längsten der Zerstörung seines Lebensraumes durch Kulturmaßnahmen zu widerstehen vermag. Sein Erfolgsgeheimnis: Er konnte sich vom Wiesenbrüter, der durch Walzen, Eggen und Mähmaschinen gefährdet wird, zum Ackerbrüter umstellen. Dort hat er im Frühsommer die Ruhe, um seine Eier auszubrüten. Obwohl er früher ein Sumpfvogel war, ist er zufrieden, wenn er einmal täglich in einem Entwässerungsgraben baden kann. Der Kiebitz ist ein Frühbrüter. Oft sitzt er schon Mitte März auf den Eiern und läßt sich einschneien, wenn der Winter noch einmal zurückkommt. Er brütet auch in lockeren Kolonien zusammen, und alle Kiebitze einer Kolonie verteidigen gemeinsam die Brut gegen Feinde, die auf Eiersuche sind. Gegen eine Rabenkrähe sind sie aber machtlos, denn hier hat ihre Strategie keinen Erfolg. Da der Kiebitz auffallend bunt gefärbt ist, darf er nicht allzu leichtsinnig auf den Eiern sitzen. Vor einem herannahenden Feind schleicht er sich schon rechtzeitig davon und vertraut auf die raffinierte Tarnfärbung der Eier, die beim Entwurf militärischer Tarnanstriche Vorbild gewesen sein könnte.

Erst 18 Tage nach dem Verlassen des Nests werden sie flügge

Die Lerchen sind erdfarbene bis feldgraue Bewohner kurzrasiger Steppenlandschaften. In den kahlen Hügeln Südeuropas und Asiens leben zahlreiche Lerchenarten, von denen nur die Feldlerche sich auch in Mitteleuropa durchgesetzt hat, weil die Rodungen ihr eine zusagende Kultursteppe geschaffen haben. Dazu kommen noch Hauben- und Heidelerche, die aber nur sehr lokal und selten nördlich der Alpen brüten.
Die Feldlerche, einer der ersten Frühlingsboten, kommt zu uns, wenn die Schneeglöckchen blühen. Ein später Schnee im Frühjahr kann sie in Schwierigkeiten bringen. Dann sammeln sich alle Lerchen eines Gebietes auf dem ersten aufs Feld gefahrenen Mist. Mit Haferflocken kann man sie auf ein schneefrei gefegtes Geviert herbeilocken. Noch ehe das erste Frühjahrsgrün durch das welke, vorjährige Gras stößt, sitzt das Weibchen schon in der tief in den Boden gescharrten Nestmulde, die meist im Ödland und stets unter überhängender Vegetation verborgen liegt. Mittags wird es dann vom Männchen abgelöst. Die Jungen werden mit Insekten gefüttert und verlassen mit acht Tagen das Nest. Anfangs bewegen sie sich hüpfend, beginnen aber bald zu laufen. Fliegen können sie erst mit 18 Tagen. Sie sind also entwicklungsgeschichtlich auf dem Weg vom Nesthocker zum Nestflüchter. Von März bis Juni vernimmt man das jubelnde Lied der Feldlerche. Singend schraubt sie sich in den Himmel, und zwar um so höher, je wärmer es ist. Singend schwebt sie aus 40 bis 100 Meter Höhe wieder zur Erde. Die letzten zehn Meter stürzt sie verstummend mit angelegten Flügeln herab. Ein solcher Singflug kann 20 Minuten dauern; nach kurzer Pause beginnt schon der nächste. Am Abend singt die Lerche auch von einer Erdscholle oder einem Feldstein aus, dann aber leiser. Die Nacht verschläft sie im Stehen auf freiem Feld. Vor der Paarung zeigt das Männchen dem Weibchen eine groteske Bodenbalz. In Frankreich gehört die Feldlerche zu den jagdbaren Vögeln. Der Jäger lauert ihr in einer Hütte auf, vor der er eine mit Spiegelstückchen besetzte Kugel aufhängt. Das sich langsam im Wind drehende Glitzerwerk lockt die Lerchen in Schußweite. Die Feldlerchen überwintern hauptsächlich in Süd- und Westeuropa.

Die Redensart »Er stiehlt wie eine Elster« entspricht der Wahrheit

Die Elster ist unser einziger schwarz-weißer Rabenvogel. Sie ist ein Kulturfolger und fehlt nur in Großwaldungen und baumlosem Land. Sie brütet gern in den Büschen entlang der Autobahn und am Stadtrand, also an Orten, wo die Jagd ruht. Im März bauen beide Partner in den kahlen Bäumen am frühen Morgen ihr Kuppelnest, das meist in den höchsten Wipfeln, manchmal aber auch nur einen Meter hoch in Dornbüschen angelegt wird, immer aber zwischen höchstens fingerdicken Zweigen. In den Nestboden ist eine bis vier Zentimeter dicke Lehmschicht eingearbeitet, die den Jäger beim sogenannten Hegeabschuß vor Probleme stellt. Auch mit dem Habicht wird die Elster gut fertig: Ihr Flug wirkt zwar ungeschickt, wechselt zwischen langsamen und schnellen Flügelschlägen, aber wenn sie sich nicht allzu weit in den freien Luftraum vorwagt, läßt sie dem Habicht keine Chance. Sie flattert und hüpft auch geschickt in dichtem Gebüsch. Jung aufgezogene Elstern werden sehr zahm und lassen sich an Freiflug gewöhnen, wenn auch oft nur bis zum nächsten Frühjahr. Sie flöten Melodien nach und lernen auch etwas sprechen. Fatal kann ihre Neigung werden, glänzende Gegenstände zu verstecken.

Saatkrähe

Das Männchen füttert das Weibchen und Kleinkinder aus dem Kehlsack

Die Saatkrähe ähnelt auf den ersten Blick der Rabenkrähe, aber ihr schwarzes Federkleid zeigt in der Sonne Purpurglanz. Die Altvögel haben ein unbefiedertes, weißgraues Gesicht. Die Vögel treten meist in großen Gesellschaften auf. Die Saatkrähe bewohnt Ebenen mit eingestreuten Baumgruppen. Sie sucht nach Hühnerart ihre Nahrung auf dem Boden: Sämereien, Würmer, erfrorene Kartoffeln, zuweilen auch eine Vogelbrut oder eine Maus, auf Müllplätzen kurioserweise Gummiwaren aller Art. Wiesen und Getreidefelder betritt sie nicht, wenn deren Bewuchs schon so hoch steht, daß sie ihn nicht mehr überblicken kann; sie meidet dichtes Gebüsch und den Waldboden. Darum richtet sie als Nestplünderer keinen großen Schaden an. Saatkrähen sind Koloniebrüter. Dort, wo eine Kolonie allen jägerischen Nachstellungen bis heute widerstehen konnte, bietet sich eines der letzten großen Naturschauspiele in unserer verarmten Umwelt: Von weitem schon vernimmt man ein quorrendes Stimmengewirr und sieht die Vögel in übermütigen Flugspielen durch die Luft wirbeln.

Rabenkrähe

Die Jungen sind in den ersten sechs Tagen wechselwarm wie Fische

Die einfarbig schwarze Rabenkrähe in West- und Mitteleuropa und die Nebelkrähe mit dem grauen Gefieder im übrigen Europa gehören der gleichen Art an und werden gelegentlich zusammen als »Aaskrähen« bezeichnet. An der Grenzlinie, die etwa der Elbe folgt, vermischen sich die beiden Rassen. Die Krähen schreiten bei der Nahrungssuche auf dem Boden und erbeuten Insekten und Würmer, aber auch Mäuse und Jungvögel. Auf Müllhalden munden ihnen die merkwürdigsten Dinge, von denen sie einige Gewölle wieder auswerfen. Sie können Junghasen langsam zu Tode quälen, wenn die Häsin nicht energisch eingreift. Die Nebelkrähen sind etwas kräftiger und erbeuten auch Küchlein auf dem Hühnerhof, indem ein Partner die Glucke durch Scheinangriffe ablenkt und der andere zugreift. Die Krähen leben in treuer Dauerehe, und wenn ein Partner verunglückt, hält sich der andere noch lange schreiend in der Nähe auf. Sie können 70 Jahre alt werden und viele Erfahrungen sammeln. Das Paar baut im März sein dauerhaftes und sorgsam ausgelegtes Nest, und während ein Partner brütet, hält der andere in der Nähe Wache. Greifvögel vertreibt er in Luftangriffen aus dem Brutgebiet, wobei er mit Schwenkungen und Sturzflügen an die Grenzen seiner Flugkunst geht. Wo es viele Krähen gibt, wird ein ziehender Bussard von einem Krähenpaar an das nächste »weitergereicht«, um ihn so pausenlos zu jagen und eventuell vertreiben zu können.

Die Küken leben in den ersten 24 Stunden vom Eidotter

Dieses Feldhuhn mit der grauen Brust und dem rostbraunen Hufeisenfleck kann nur in der Gemeinschaft des Familienverbandes das gefährliche Leben in der offenen Feldflur bestehen. In Winternächten rückt das Rebhuhnvolk in der Schneewüste zu einer Federkugel zusammen, um sich zu wärmen. So erträgt es auch die härtesten Winter bis zu minus 50 Grad, und das um so besser, je größer das Volk ist. Im Frühjahr zerfällt das Volk in einzelne Paare, schließt sich aber bei einem Kälterückfall wieder zum Volk zusammen. Bei der Paarbildung vermeiden es die Mitglieder eines Volkes, also Geschwister, sich zusammenzufinden. In der brütenden Rebhuhnmutter schlägt ein Heldenherz. Sie hält jeder Gefahr auf nächste Nähe stand, wenn sie auf ihren bis zu zwölf Eiern brütet. Nicht selten legen mehrere Hennen in dasselbe Nest, und die Henne kann auch bis zu 18 Eier ausbrüten, wenn nur die Nestmulde tief ist, aber nicht zu breit, also halbkugelig. Manche brütenden Hennen kann man mit der Hand berühren, viele haben ihren Mut unter der Mähmaschine mit dem Leben bezahlt. Auch die Küken werden energisch verteidigt.

Kunstvoll hängt er sein Nest zwischen Pflanzenstengel auf

Der Sumpfrohrsänger ist ein dem Schilfwald untreu gewordener Rohrsänger. Er hängt sein Nest zwischen die Stengel von Brennesseln oder in Getreidefelder. Hier zwirbelt, knarrt und stammelt er im Mai bei Tag und Nacht sein nicht endendes Rohrsängerlied. Er wiederholt jede Klangfigur sechs- bis neunmal, dann wandelt er sie geringfügig ab und beginnt eine neue Folge von Wiederholungen, ehe er mit einem anderen Motiv anfängt. Vogelkenner mit gutem Ohr haben bis zu 20 verschiedene Lieder aus seinem Gesang herausgehört. Beide Eltern lösen sich beim Brüten ab. Die Jungen hüpfen schon aus dem Nest, wenn sie erst ein Stummelschwänzchen haben und noch lange nicht fliegen können. Gekäfigte Sumpfrohrsänger überkommt im August eine zwanghafte Zugunruhe, wie man sie auch bei gefangenen Grasmücken erlebt.

Nach den Treibjagden werden Jungfasane aus Zuchtanstalten ausgesetzt

Der Fasan ist ein Fremdling in Mitteleuropa und schon deshalb unverwechselbar. Unser Bild zeigt den prachtvollen Ringfasan-Hahn, die Farbe. Hahn und Henne sind knapp hühnergroß und tragen einen langen Schwanz. Er reißt sehr leicht aus, und schon mancher Fuchs ist mit einem Maul voller Schwanzfedern der Dumme gewesen, wenn er den flüchtenden Fasan am Schwanz gepackt hat. Urheimat des Fasans ist das Land östlich des Schwarzen Meeres bis nach China. Er wurde schon in der Antike nach Süd- und später auch nach Mitteleuropa eingeführt. Doch wäre er wohl auch spontan eingewandert, nachdem die Rodungen den Lebensraum für ihn vorbereitet hatten. Heute bewohnt der Fasan in oft großer Zahl Auwälder und Feldgehölze. Alljährlich im Herbst beginnen die großen Treibjagden auf den Fasan. Sind sie zu Ende, dann werden die gelichteten Bestände mit Jungfasanen aus der Zuchtanstalt wieder aufgefüllt. Der Abschuß der Greifvögel war eine wichtige Hegemaßnahme, um die Fasanendichte zu erhalten. Die bei uns lebenden Fasane sind ein Gemisch aus vielen Rassen ihrer Urheimat. Der Hahn balzt im Frühjahr mit Flügelwummern und Krähen.

Wenn die Nacht kommt, beginnt das Leben

Viele Säuger dieser heimischen Reviere, der Felder, Wiesen und Hecken, hausen im Verborgenen, in sorgsam getarnten Bauen unter der Erde: die unscheinbaren Spitzmäuse, das prächtige Hermelin, Hasen und Wildkaninchen, Maulwurf und Dachs. Ihr Tag beginnt, wenn die Sonne versinkt. Wenn der Morgen graut, ist er wieder zu Ende

Warum man manchmal sagt: »Er schläft wie ein Ratz«

Der Iltis oder Ratz liebt deckungsreiche Landschaften und frißt mit Vorliebe Frösche, Schermäuse, Bisamratten, Wanderratten, Mäuse, Kaninchen, Junghasen, Bodenbrüter und Eier. Gern hält er sich in Siedlungen auf und bricht dann auch in Geflügelställe ein. Dort hört er im Blutrausch nicht eher mit dem Töten auf, bis sich keine Feder mehr rührt. Dann ist er so erschöpft, daß er neben seinen Opfern in tiefen Schlaf verfällt. Daher das Sprichwort »Jemand schläft wie ein Ratz«.

Die Mauswiesel sind die kleinsten Raubtiere unserer Erde

Das Mauswiesel ist der kleine Vetter des Hermelins oder Großwiesels und von ihm durch seinen kurzen, stets einfarbig braunen Schwanz sowie die meist unregelmäßig gezackt verlaufende Grenzlinie zwischen brauner Oberseiten- und weißer Unterseitenfarbe leicht zu unterscheiden. Auch trägt es meist an jedem Mundwinkel einen braunen Fleck. Das weit über Europa, Asien und Nordamerika verbreitete Mauswiesel färbt im hohen Norden und im Hochgebirge wie das Hermelin in Weiß um, ist aber an seinem kurzen einfarbigen Schwanz stets von ihm zu unterscheiden. Die Körpergröße des Mauswiesels schwankt ziemlich. Einmal sind die Rüden (Männchen) stets größer als die Fähen (Weibchen), zum anderen gibt es Groß- und Kleinformen. Die kleinste Form wird als Zwergwiesel bezeichnet. Es kommt in Mitteleuropa vereinzelt, weiter im Osten häufiger vor und ist das kleinste Raubtier unserer Erde. Die neugierigen, sehr lebhaften, flinken und wendigen Mauswiesel, die auch gut klettern und schwimmen, trifft man in allen Landschaften mit genügend Schlupfwinkeln und Mäusen. Ihre Hauptbeute sind nämlich Mäuse, die in ihren unterirdischen Gängen unermüdlich verfolgt werden.

Spitzmäuse sind keine Mäuse, sondern nahe Verwandte des Igels

Wenig beachtet leben bei uns im Bodenbewuchs die Spitzmäuse. Sie hießen aber besser Spitzrüßler, da sie mit den Mäusen, die zu den Nagetieren gehören, nicht verwandt sind, sondern zu einer uralten, mit rund 250 Arten fast über die ganze Erde verbreiteten Tierfamilie zählen. Näher verwandt mit ihnen sind Igel und Maulwurf. Bei uns in Mitteleuropa leben acht Spitzmausarten, die nach der Farbe der Zahnspitzen zwei Unterfamilien, den Braun- und den Weißzahnspitzmäusen, zuzuteilen sind. Erstere haben rotbraune Zahnspitzen. Zu ihnen zählen Wald-, Zwerg-, Alpen-, Wasser- und Sumpfspitzmaus. Letztere zeigen ungefärbte weißliche Zahnspitzen und ringsum am Schwanz einzeln hervorstehende, lange Haare; deshalb werden sie auch Wimperspitzmäuse genannt. Zu ihnen gehören die Feldspitzmaus (Foto ganz oben) und die Hausspitzmaus (Foto darunter). Beide Arten sind sich in der Lebensweise ziemlich ähnlich. Sie lieben den dichten Bodenbewuchs der Wald- und Feldränder, von Gebüschen, Hecken, Gärten, trockenen Wiesen und Weiden. Im Gebirge trifft man sie bis in 1500 Meter Höhe. Besonders die Hausspitzmaus flüchtet im Winter gern in Gebäude. Sie nähren sich von Spinnen, Kerb- sowie kleinen Wirbeltieren, frischen Kadavern und gelegentlich auch von Pflanzen. Ihr Bedarf an Nahrung ist groß. Täglich müssen sie soviel fressen, wie ungefähr ihr eigenes Körpergewicht beträgt, sonst verhungern sie.

Ihre Fruchtbarkeit ist sprichwörtlich und macht sie zur Landplage

Unser Wildkaninchen stammt aus Spanien. Nur dort und in Nordwestafrika überlebte diese Hasentierart die Eiszeit. Deckungsreiche Landschaften mit gut grabbarem Boden bilden die Lieblingsreviere des Pflanzenfressers, der in lockeren, sozialen Gruppen in Erdbauen lebt. In der Gruppe halten die Häsinnen wie die Rammler bestimmte Rangordnungen ein. Die Reviere werden mit dem Geruch des Afterdrüsensekrets markiert, mit dem die Kotpillen überzogen sind. Auch Kotplätze, die von den Rammlern angelegt werden, spielen bei der Reviermarkierung eine wichtige Rolle. Sprichwörtlich wurde die Fruchtbarkeit der Wildkaninchen, wirft doch eine Kaninchenhäsin sogar in unserem nicht besonders warmen Klima jährlich fünf- bis sechsmal je zwischen 3 bis 15 Junge! Die Tragzeit beträgt 28 bis 31 Tage. Die Häsin setzt ihren Wurf in einer abseits gelegenen Röhre, die mit Gras und ausgerupften Haaren gepolstert ist. Der Einschlupf zu dieser Setzröhre wird mit Erde verschlossen und mit Harn und Kot markiert, um Eindringlinge abzuhalten. Die Jungen werden nackt geboren und sind in den ersten zehn Tagen blind. Drei Wochen lang werden sie einmal am Tag gesäugt.

Keiner kann so schnell und überraschend Haken schlagen wie er

Unser Feldhase ist neben dem Schneehasen und dem Wildkaninchen die dritte heimische Hasentierart. Die Hasentiere sind zwar nagende Pflanzenfresser, jedoch keine eigentlichen Nagetiere. Sie bilden eine eigene, seit mindestens 60 Millionen Jahren selbständige Säugetierordnung. Der Feldhase ist ziemlich anpassungsfähig. Er kommt deshalb in allen Landschaften zwischen Meeresküsten und Hochgebirge, zwischen Halbwüste und Wald vor und hat durch die vom Menschen geschaffenen Kultursteppen neuen Lebensraum gewonnen. Der Feldhase lebt vornehmlich als in der Dämmerung und Nacht tätiger Einzelgänger in einem bestimmten Revier, dem er nach Möglichkeit sein Leben lang treu bleibt. In ihm benutzt er verschiedene Sassen (ausgescharrte flache Bodenmulden) als Ruheplätze. Sitzt er in der Sasse, verschmilzt er dank seiner Tarnfarbe völlig mit der Umgebung und ist praktisch nicht zu sehen. Störenfriede läßt er deshalb ziemlich dicht passieren. Erst wenn einer von ihnen direkt auf ihn zusteuert, springt er dicht vor ihm wie aus der Pistole geschossen hoch und rennt mit Höchstgeschwindigkeit davon. Liegt doch des Hasen Heil in der Flucht, die er mit einem ausdauernden, notfalls mit Hakenschlagen durchsetzten Schnellauf vollzieht. Seine Nahrung bilden Kräuter, Gräser, Blätter, Knospen, Zweige, Rinde, Pilze, Beeren, Früchte sowie manchmal Kleintiere (zum Beispiel Mäuse) als Beikost. Die Häsin setzt nach rund 43 Tagen Tragzeit drei- bis viermal jährlich je zwei bis vier vollbehaarte, sehende und lauffähige Junge an einem versteckten Platz.

Waldmaus

Bereits mit drei Monaten werden die Weibchen fruchtbar

Die Waldmaus ähnelt in Gestalt und Größe sehr der Hausmaus. Da sie im Herbst gern aus größeren Parks und Gärten in die Häuser kommt, klettert sie geschickt an bewachsenen oder rauh verputzten Wänden empor und wird nicht selten mit der Hausmaus verwechselt. Ihre Oberseite ist gelb bis braungrau gefärbt und manchmal etwas rotbraun überhaucht, ihre Unterseite dagegen grauweiß und nicht scharf von der Oberseite abgesetzt. Die an Waldrändern, in Parks, Gärten, Feldgehölzen und Gebüschen, an Feldrainen und auf dem Ackerland lebende Waldmaus hat eine nahe Verwandte in der Gelbhalsmaus, die etwas größer, aber mehr an schattigen Wald- und Gehölzgrund und an die Dämmerung und Nachttätigkeit gebunden ist. Durch ihre rost- bis kastanienbraune Ober- und scharf getrennte schneeweiße Unterseite mit gelbem Brustquerband läßt sie sich leicht von der Waldmaus unterscheiden. Die Waldmaus lebt in selbstgegrabenen Erdbauten, die Nest- und Vorratskammern enthalten, meist als Einzelgänger, jedoch manchmal auch gesellig in kleinen Kolonien. Die Weibchen sind fruchtbar und bringen jährlich drei bis vier Würfe mit je drei bis neun nackten, blinden Jungen nach 23 Tagen Tragzeit zur Welt. Sie öffnen nach 12 bis 14 Tagen die Augen, sind mit 14 bis 15 Tagen entwöhnt und werden mit 21 Tagen selbständig.

Hermelin

Der Hermelinpelz war lange Zeit nur den Königen vorbehalten

Von den heimischen Marderarten rechnet man Mauswiesel, Hermelin, Iltis und Nerz zu den Erd- oder Stinkmardern. Erdmarder, weil sie sich vorwiegend auf dem Boden aufhalten, Stinkmarder, weil sie in Bedrängnis und Angst aus Afterdrüsen ein stinkendes Sekret ausscheiden. Das Hermelin trägt im Sommer oberseits ein braunes, geradlinig von der weißen bis gelblichen Unterseite abgesetztes Fell, färbt sich im Herbst um und schmückt sich dann mit dem bekannten reinen Hermelin-Weiß. Neugierig richtet es sich »männchenmachend« auf und schaut umher. Es schlüpft gewandt in alle Spalten und Löcher und verfolgt die Mäuse, seine Hauptbeute, in deren Gängen. Außerdem frißt es auch Schermäuse, Ratten, Kaninchen, Junghasen, Eier und Nestlinge von Boden- und Höhlenbrütern sowie Beeren und Kleintiere. Als mutiger Draufgänger stellt es sich dem Feind und läßt seinen Drohschrei »Krikri« hören.

Im Märchen ist er als Meister Grimbart bekannt

Der Dachs ist der größte heimische Marder und neben dem nordischen Vielfraß die größte aller Marderarten überhaupt. Unser auch als Meister Grimbart aus dem Märchen bekannter Dachs ist in Wirklichkeit durchaus nicht der grimmige und mürrische Einzelgänger, als der er immer hingestellt wird. Neuere Forschungen haben ergeben, daß die Dachse paarweise in Lebensehe verbunden sind und mit den Jungen des jährlichen Wurfes, die meist im Spätwinter oder Vorfrühling zur Welt kommen, bis zum Herbst zusammenbleiben und ein munteres Familienleben führen. Auch stehen benachbarte Dachsfamilien miteinander in Verbindung und besuchen sich gegenseitig. Das alles blieb dem Menschen lange verborgen, weil der Dachs vorwiegend in der Dämmerung und nachts tätig und dann nur schwer zu beobachten ist. Als Lebensraum bevorzugt der in fast ganz Europa und durch Asien bis Japan hin vorkommende Dachs Laub- und Mischwälder, Parklandschaft, Macchia, Weinberge und ähnliches bewachsenes, schlupfwinkelreiches Gelände. Im Gebirge ist er bis 2000 Meter Höhe anzutreffen. Seine Wohnung bezieht der Dachs in selbstgegrabenen oder vom Rotfuchs übernommenen, mit einem verzweigten Gangsystem und einem ausgepolsterten Wohnkessel versehenen Erdbauen. Günstig gelegene und wenig gestörte Baue werden generationslang, manchmal durch Jahrhunderte, von Dachsen bewohnt, immer weiter ausgebaut, so daß sie mehrgeschossig werden, und mit Luftschächten und Notausgängen versehen. In solch einer Burg, zumal wenn sie noch in felsdurchsetztem Gelände liegt, ist der Dachs unangreifbar und kann auch nicht durch Erdhunde (Dackel, Terrier) aus dem Bau getrieben werden, da er sich so verbarrikadiert, daß kein Hund an ihn heran kann. Seinen Bau hält der Dachs sauber, seine Losung setzt er außerhalb in jeweils eigens gescharrten, kleinen Gruben ab. Abends trottet der Dachs auf Nahrungssuche. Als Allesfresser ist er wenig wählerisch und verzehrt Würmer, Schnecken, Kerbtiere, kleine Wirbeltiere, Eier, Nestlinge, Waldfrüchte, Obst, Weintrauben, Pilze, Beeren, Wurzeln, Knollen, reifendes Getreide und ähnliches. So wird er im Sommer und Herbst fett und kann den Winter durch wochenlanges Ruhen, das jedoch kein echter Winterschlaf ist, im Bau gut überstehen.

Ein Maulwurf braucht täglich soviel Nahrung, wie sein Körper wiegt

Die Maulwürfe sind uralte Kerbtierfresser, die bereits vor 60 Millionen Jahren in den Untergrund gingen und ganz zu Bodenwühlern wurden. Heute gibt es auf der Erde noch 29 Arten, die auf die gemäßigten Breiten der Erdhalbkugel beschränkt sind und von denen unser heimischer Maulwurf ein sehr typischer Vertreter ist. Sein Name kommt jedoch nicht daher, daß er mit dem Maul Erde aufwühlt, denn zum Graben benutzt er bei eingezogenem Kopf seine zu breiten Schaufeln ausgebildeten Hände, sondern vom Althochdeutschen Mu, das heißt Haufen. Sein Name bedeutet also Haufenwerfer und kennzeichnet ihn damit sehr treffend, lebt er doch dort, wo er gut grabbaren und reich bewachsenen Boden findet. Dort gräbt er sich ein unterirdisches Gangsystem, dessen Erde er in Abständen an die Oberfläche schafft und zu Haufen auftürmt. Zu seinem Gangsystem, in dem er keinen Artgenossen duldet, gehört auch ein mit feinen Wurzeln und trockenem Gras gepolsterter Schlafraum, der sogenannte Kessel, in dem das Weibchen auch seine zwei bis sieben nackten, blinden Jungen einmal im Jahr zur Welt bringt. Das kurze, samtige Haar des Maulwurffelles steht sehr dicht, so daß keine Erdkrümel eindringen können, und senkrecht, so daß das Tier beim Rückwärtskriechen im Gang nicht behindert wird. Sein feines Gehör, sein hochempfindlicher Tast- und Erschütterungssinn und sein hervorragendes Riechvermögen signalisieren ihm schnell jedes Beutetier und jede Feindannäherung. Als Nahrung dienen ihm Regenwürmer, Kerbtiere und ihre Larven (Engerlinge, Erdraupen, Drahtwürmer und dergleichen), Tausendfüßler, Schnecken, Kleinsäuger (Mäuse und deren Junge vor allem), Eier und Nestjunge von Bodenbrütern, Wirbeltierkadaver und ähnliches. Für Notzeiten, vor allem für den Winter (er hält keinen Winterschlaf), legt er sich Vorratskammern an, in denen er Regenwürmer, Engerlinge, Erdraupen und dergleichen stapelt. Seine Lebensweise erfordert viel Energie und deshalb einen hohen Verbrauch an Nahrung, täglich rund die Menge seines eigenen Körpergewichts, das sich zwischen 65 und 130 Gramm bewegt. Nicht selten kommt der Maulwurf an die Erdoberfläche, um dort nach freßbaren Kleintieren zu suchen.

Überall in der Luft liegt ein gleichmäßiges Summen

Fast an ein Wunder rührt die Vielfalt von Farbe und Form der Insekten in diesem Lebensraum. Fleißige Bienen summen überall, sorgen für Bestäubung, um das Leben der Pflanzen zu erhalten. Lautlos gaukeln Schmetterlinge. Und die Marienkäferchen zeigen, wie viele Muster die Künstlerin Natur mit schwarzen Punkten auf rotem Untergrund zu gestalten vermag

Warum die Weichkäfer auch »Franzosen« oder »Preußen« heißen

Die meisten Käfer kommen schwer gepanzert wie in Ritterrüstungen daher. Die Weichkäfer dagegen sind weich und zudem flaumig behaart. Im Sommerwiesenland sind sie von allen Käfern am zahlreichsten vertreten. Von vielen Feinden, zum Beispiel von den insektenfressenden Vögeln, werden sie verschmäht. Sie schmecken schlecht. Außerdem schreckt ihre bunte Warntracht in Rot und Schwarz viele Feinde ab. In früheren Zeiten, als die Uniformen noch bunt waren, hießen deswegen die Weichkäfer in Deutschland »Franzosen« und in Frankreich »Preußen«. Inzwischen geraten diese Namen aber langsam in Vergessenheit. Die Weichkäfer sind trotz ihrer Weichheit echte Raubtiere: Sie lauern auf Blüten aller Art und ergreifen und verzehren die anderen Blütenbesucher. Daneben kosten sie auch von zarten Blütenteilen und vom Blütenstaub. Bei der Paarung trägt das Weibchen sein Männchen viele Stunden lang auf dem Rücken. Beide Geschlechter sind gleich gefärbt, doch ist das Weibchen viel größer, weil es auch die Last der Eier tragen muß. Die Larven der Weichkäfer überwintern in fast erwachsenem Zustand. Sie sind meist samtschwarz gefärbt und haben wie alle Käferlarven drei Beinpaare am vorderen Körperende, so daß sie den Hinterleib über den Boden schleifen müssen. Zur Zeit der Schneeschmelze kriechen sie manchmal massenhaft auf den Schneeresten herum und werden daher auch »Schneewürmer« genannt.

In Gefahr zieht der Marienkäfer die Beine an und fällt in Starre

Die etwa 3000 Marienkäferarten der Welt zeigen in unglaublicher Mannigfaltigkeit, was man alles aus schwarzen Punkten auf gelbem oder rotem Grund an Mustern entwerfen kann. Auf den ersten Blick könnte man manche Marienkäfer mit Blattkäfern verwechseln, aber Marienkäfer haben stets nur dreigliedrige Füße und keulig verdickte, elfgliedrige Fühler. Wenn man einen Marienkäfer beunruhigt, so zieht er die Beine an und fällt in eine totenähnliche Starre. Dabei rutscht er meist von seiner Unterlage und geht nicht selten in der Bodenstreu verloren. Wird der Käfer noch stärker gereizt, so preßt er aus den Kniegelenken seiner sechs Beine jeweils einen Tropfen gelbes Blut hervor. Es schmeckt für den Menschen widerlich bitter und dürfte den Käfer vor manchen seiner denkbaren Feinde schützen. Seine knallige Färbung deutet man auch als Warnzeichen für seinen ekelerregenden Wehrsaft. Es sei allerdings nicht verschwiegen, daß manche Insektenfresser sich durch den Ekelgeschmack nicht davon abhalten lassen, Marienkäfer zu verzehren. Schließlich läßt sich der Mensch durch noch so scharfe Säfte auch nicht davon abhalten, Pflanzen wie Zwiebeln, Paprika und Pfeffer zu essen. Marienkäfer können ausgezeichnet fliegen und haben schon weite Wanderzüge unternommen. In Jahren mit starkem Marienkäfervorkommen können sie zu Millionen aufs Meer hinausfliegen, bis sie irgendwo in die Wellen stürzen. Der Seewind treibt sie dann mitunter ans Ufer zurück, wo die kleinen Leichen zu ganzen Wällen aufgeschichtet liegenbleiben. Marienkäfer überwintern als fertige Insekten. Dabei können sie sich an günstigen Orten, in Felsritzen oder in Wochenendhäusern, zu großen Überwinterungsgemeinschaften zusammenfinden. Die Marienkäfer legen Häufchen von dottergelben Eiern in die Nähe von Blattlauskolonien, die sehr bald schlüpfenden Larven verzehren dann Blattläuse und brauchen etwa 700 davon, bis sie nach rund vier Wochen erwachsen sind.

Mit brutaler Gewalt vernichten die Laufkäfer ihre Beute

Die Laufkäfer kann man die Wölfe unter den Insekten nennen: Sie sind nächtlich umherstreifende Raubtiere, die nicht mit der Eleganz der Katzen ihre Beute beschleichen, sondern sie in ungestümem Sturmlauf überrumpeln. Sie packen und halten sie mit dem mächtigen Zangenpaar ihrer Oberkiefer, dann reißen sie mit den darunterliegenden Unterkieferzangen Brocken aus der sich windenden Beute. Alles an den Handlungen der Laufkäfer wirkt zwar kraftvoll, aber auch eckig, hastig und roh, fast wie die Bewegungen eines Roboters. Ihre Paarung erinnert an eine Vergewaltigung, und Brutpflege ist bei ihnen unbekannt. Sie sind unermüdliche Dauerläufer, können aber nicht fliegen. Rund 500 Arten leben in Deutschland, 24 000 auf der ganzen Welt. Unser Bild zeigt den Dammläufer, einen in der Bodenstreu oft anzutreffenden Käfer, der zahlreiche ganz ähnlich aussehende Verwandte hat. Die Larven der Laufkäfer sind schwarze, mit drei Beinpaaren schnell dahinrennende Geschöpfe, die sich ebenfalls räuberisch ernähren und wild um sich beißen, wenn man sie ergreift. Dazu spucken sie ihren ätzenden, braunen Magensaft in die Bißwunden.

Nur das Männchen hat ein Nashorn, beim Weibchen ist es nur angedeutet

Der Nashornkäfer gehört mit 40 mm Körperlänge zu unseren größten Käfern. Er ist recht wärmebedürftig und kommt daher südlich der Alpen viel häufiger vor als in Mitteleuropa, wo er nur lokal verbreitet ist. Die unterschiedliche Gestalt der beiden Geschlechter fällt auf den ersten Blick auf: Das Männchen trägt das Nashorn, beim Weibchen ist es nur wenig angedeutet. An lauen Sommerabenden fliegen die Männchen mit lautem Gebrumm umher und suchen ihre Weibchen. Die Larven der Nashornkäfer sehen den Larven der Maikäfer sehr ähnlich und werden ebenfalls als Engerlinge bezeichnet. Sie wühlen und fressen im Mulm alter Bäume, in Baumrinde und verrottetem Stroh. Bei so wenig nahrhafter Kost dauert ihre Entwicklung mehrere Jahre. Vor der Verpuppung fertigt die Larve ein fast eigroßes Gehäuse aus eingespeicheltem Holzmehl. Die eigentliche Heimat der Nashornkäfer sind die Tropen. Hier werden sie unvergleichlich viel größer, und viele tragen mächtige und bizarre Hörner auf Nacken und Stirn, deren Funktion man sich bisher nicht erklären konnte. Man nennt sie daher Luxusbildungen.

Schwebfliegenlarven sind nützliche Tiere. Sie verzehren Blattläuse

Am leichtesten erkennt man die Schwebfliegen an ihrem Schweben: An sonnigen Tagen stehen sie oft viele Sekunden lang mit schwirrendem Flügelschlag in der Luft, wobei auch ein Windstoß sie nicht von der Stelle treibt. Notfalls können sie aber auch mit einer blitzschnellen Schwenkung davonfliegen. Die meisten Schwebfliegen sind wespenartig schwarzgelb gezeichnet. Während die Schwebfliegen Blütengäste und Nektarnascher sind, benötigen ihre Larven eiweißreiche Kost und leben als Raubtiere, obwohl sie fuß-, augen- und fühlerlos sind. So kümmerlich zur Jagd ausgerüstet, können sie nur von wehrlosen und massenhaft vorkommenden Beutetieren leben: Sie sind Blattlausfresser. (Foto auf dieser Seite oben).

Die Glasflügler gehören zu den merkwürdigsten Schmetterlingen unserer Heimat. Man sieht sie selten, und doch leben knapp 20 Arten dieser faszinierenden Flieger allein in Deutschland. Südlich der Alpen kommen zahlreiche weitere Arten dazu. Die Falter starten so früh und so schnell von den Blüten, wenn man sich nähert, daß man sie meist übersieht. Sie ähneln mehr oder weniger den Wespen, und man nimmt an, daß sie diese wehrhaften Tiere nachzuahmen versuchen und aus diesem Grunde von manchen Feinden verschont werden.

Diesen Edelfalter kann man mit Aas, Fisch und Käse anlocken

Der Schillerfalter gehört zur Tagfalterfamilie der Edelfalter. Kennzeichen aller Edelfalter sind die verkümmerten Vorderbeine, die als »Putzpfoten« bezeichnet werden. 29 Arten von Edelfaltern fliegen nördlich der Alpen. Der Kleine Schillerfalter ist einer der wenigen Waldbewohner unter den heimischen Tagfaltern. Man trifft ihn am ehesten an Waldrändern, in die Espenbüsche - die Futterpflanze der Raupen - eingestreut sind. Er liebt sonnige, feuchte und windgeschützte Lagen. Die Flugzeit liegt in Juni und Juli. Der Schillerfalter ist sehr scheu und ein schneller Flieger, der aber nie den Lebensraum seiner Raupen verläßt. In den Morgenstunden sieht man ihn niedrig fliegen und nicht selten an Exkrementen saugen. Auch mit Aas, Fisch und Käse kann man ihn anlocken. Was ihn dabei anzieht, ist unbekannt. Beim Ködern mit Käse kann man die Navigation des Falters gut beobachten: Kommt er mit dem Wind, so bemerkt er den Käse erst, wenn er schon vorbeigeflogen ist. Er nimmt ihn also mit seinem Geruchssinn wahr.

Ihr ekliger Geschmack macht sie ungenießbar für ihre Feinde

Die Widderchen oder »Blutströpfchen« sind Geschöpfe des Hochsommers, und wo immer ein Stück Ödland sich selber überlassen wird, an Bahndämmen oder im Trockenrasen, finden sich auch »Blutströpfchen« mit ihrem rot getupften Kleid und den geschwungenen Fühlern ein. Es sind sonnenhungrige, tagaktive Falter, obwohl Flügelhaltung, Flügelform und die Form der Antennen sie als Nachtfalter ausweisen. Das Leben am Tage ist für einen Schmetterling immer gefährlich. Die Blutströpfchen bestehen es dank ihrer chemischen Waffe, und zwar der friedlichsten Waffe der Welt: Ekelgeschmack, der sie ungenießbar macht. Damit ein möglicher Feind nicht erst zubeißen muß, um die Ungenießbarkeit zu erfahren, warnen die Blutströpfchen schon von weitem mit ihrem bunten, unverwechselbaren Kleid. Sie können sich so auf diesen Schutz verlassen, daß sie sich nie verstecken. Sie sind so träge, daß man sie mit der Hand von den Blüten lesen kann. Weltweit kennt man 900 Arten, 29 davon werden auch in Mitteleuropa gefunden. Die einzelnen Arten können sich extrem ähnlich sehen und sind nur vom Spezialisten zu bestimmen.

Die Bläulinge wissen genau, wieviel Sonne sie vertragen können

Wo immer die Wiesen nicht gedüngt und nicht gemäht werden, sind sie an sonnigen Sommertagen wie übersät mit Bläulingen. Ihren Verbreitungsschwerpunkt haben diese Falter im südlichen Mitteleuropa, wo fast 100 Arten vorkommen. Es sind anmutige Falterchen mit breiten, himmelblau oder kupferrot übergossenen Flügeln. Bläulinge bleiben ihrem Geburtsort treu: Lebte die Raupe auf Bäumen, so verbringt auch der Falter sein ganzes Leben in Baumwipfeln, und jene, die auf Wiesenblumen heranwuchsen, besuchen auch als Falter am liebsten die Futterpflanzen ihrer Raupen. Das Bild links zeigt den Feuerfalter, einen Bläuling auf nicht zu feuchten Wiesen, wo viel Sauerampfer wächst, die Futterpflanze seiner Raupen. Die Raupen überwintern und verpuppen sich im April am Erdboden. Die Falter fliegen von Mai bis August. Das Bild oben zeigt den Geißkleebläuling, der auf Heidewiesen mit viel Hornklee vorkommt. Die Raupen dieses Bläulings haben eine sogenannte Ameisengarde, das heißt, sie werden stets von einem Trupp von Ameisen begleitet, die sich wütend auf jeden stürzen, der der Raupe zu nahe kommt. Die Raupe bietet den Ameisen dafür ein süßes Drüsensekret.

Weißlinge können auch noch fliegen, wenn sie sich paaren

Die Weißlinge bilden gleichsam das Fußvolk unter den Tagfaltern. Sie sind bescheiden im Farbaufwand und plump im Flügelschnitt. Man begegnet ihnen auch dort, wo sonst kaum noch Schmetterlinge fliegen. Wo sie fehlen, fehlt ein Stück vom Sommer. Der Name »Weißlinge« stimmt nur für die europäischen Arten. In den Tropen leben auch exotisch bunte Weißlinge. Die Weißlinge sind eifrige Blütenbesucher und sammeln sich gerne über blühenden Kleefeldern. Sobald sie sich niederlassen, legen sie die Flügel über dem Rücken zusammen. Wenn es heiß wird, sieht man die Weißlinge oft in Scharen auf feuchten Bodenstellen, wo sie Wasser aufnehmen. Alle mitteleuropäischen Weißlinge werden zu den Wanderfaltern gezählt, weil sie gelegentlich zu weiten Wanderungen aufbrechen. Die Kohlweißlinge ziehen manchmal in an Schneegestöber erinnernden Scharen. Auffällig sind die »Hochzeitsflüge« vieler Weißlinge: Einige Männchen wirbeln um ein Weibchen und steigen gemeinsam höher und höher ins Himmelblau. Bei der Paarung können Weißlinge fliegen, wobei nur ein Partner die Flügel bewegt und den anderen als »Liebeslast« mit sich trägt. Unsere Bilder zeigen oben den Aurorafalter und unten den Rapsweißling.

Sie legen ihre Eier in fremde Bienennester

Nach landläufiger Meinung sammeln Bienen mit dem sprichwörtlichen Bienenfleiß Blütenstaub und Nektar als Nahrungsvorräte für ihre Brut. Das stimmt auch in den meisten Fällen. Es gibt aber auch aus der Art geschlagene Bienen, die keine Vorräte sammeln, sondern ihre Eier in die Nester anderer Bienen schmuggeln. Man schätzt, daß etwa ein Drittel aller Bienenarten auf diese unlautere Weise für seine Nachkommen sorgt. Es ist nicht einfach, eine solche »Kuckucksbiene« zu beobachten; denn da sie ja nur für ihre eigene Ernährung zu sorgen hat, trifft man sie nur selten beim Blütenbesuch. Am ehesten findet man die Kuckucksbienen in der Nähe der Nester anderer Wildbienen. Sie fliegen dort niedrig hin und her und lauern auf einen günstigen Augenblick, um sich in das Nest einer Biene einzuschleichen und hier ein Ei zu hinterlassen. Die Eier der Kuckucksbienen entwickeln sich rascher als die ihrer Wirte. So kann es vorkommen, daß die Nahrungsvorräte schon weitgehend aufgezehrt sind, wenn deren rechtmäßige Besitzer aus den Eiern schlüpfen. Sie werden dann nicht selten von der Parasitenlarve mitverspeist. Fast jede Bienengruppe hat ihre eigenen Parasiten in der nächsten Verwandtschaft.

Jedes Jahr im Herbst stirbt die alte Königin eines Hummelstaates

Die Hummeln sind wie die gesellig lebenden Wespen staatenbildende Insekten. Der Hummelstaat wird im Frühling von einem Weibchen, das den Winter überstanden hat, der sogenannten Königin, gegründet. Alle Hummeln, die wir bis Anfang Mai bei uns sehen, sind solche Königinnen. Die Staatengründung beginnt damit, daß die Königin aus verfilzten Halmen ein kunstvolles, kleines Nest baut, je nach Art in der Bodenvegetation oder unterirdisch. In das Nest stellt sie einen Topf aus Wachs und füllt ihn mit Honig. Dazu legt sie einige Eier in einen Wachskrug und zieht die schlüpfenden Larven mit Honig und Blütenstaub heran. Nach jeder Fütterung wird der Krug mit den Larven wieder mit Wachs verschlossen. Die wachsenden Larven dehnen dann von innen ihr »Kinderzimmer« immer weiter aus. Schließlich verwandeln sie sich in junge Arbeiterinnen, die den gesamten Außendienst übernehmen. Die Königin bleibt von nun an im Nest. Im Sommer ist sie zwischen ihren Arbeiterinnen leicht zu erkennen. Sie ist die Größte im Nest und blankgescheuert wie ein Glatzkopf. Sie hat das Fliegen verlernt. Man kennt auch »Schmarotzerhummeln«, mißratene Verwandte, die die rechtmäßige Königin töten und nur ihre eigene Brut von den übernommenen Arbeiterinnen aufziehen lassen. Die Arbeiterinnen merken nichts davon und sind auch für die falsche Königin voll im Einsatz.

Ein einziges Bienenvolk hat manchmal bis zu 100 000 Mitglieder

Die Honigbiene ist das bekannteste Insekt unserer Erde, aber auch heute noch sind weltweit Hunderte von Wissenschaftlern damit beschäftigt, noch mehr über ihr wunderbares Leben zu erfahren. Bienen sind hoch soziale Geschöpfe. Allein gelassen, würde eine Biene in wenigen Tagen sterben. Ein Bienenvolk hat oft bis zu 100 000 Mitglieder. Im Frühsommer kann man im Bienenvolk drei »Kasten« unterscheiden: die Königin, die Mutter aller, die Arbeiterinnen, geschlechtslose Wesen, die den Bienenstaat gleichsam nach außen vertreten, und die Männchen oder Drohnen, die zu nichts weiter da sind, als die jungen Königinnen zu begatten. Das gelingt aber höchstens jeder tausendsten von ihnen. Wenn die jungen Königinnen ausgeschwärmt sind, werden die Drohnen von den Arbeiterinnen des Hauses verwiesen und notfalls auch getötet. Der Imker spricht dann von der Drohnenschlacht. Die Arbeiterinnen verrichten alle Arbeiten: Sie schaffen die Nahrung herbei, bauen die Waben, verteidigen den Staat und pflegen die Brut. Durch ihre Körperwärme bringen sie das Innere des Bienenkorbes auf eine für alle förderliche Temperatur. Die Biene ist neben dem Seidenspinner das einzige Haustier unter den Insekten, aber anders als der plumpe Falter kann sie sehr wohl auch ohne die Hilfe des Menschen auskommen. Sie hat sich ihm nicht unterworfen, sondern sie zieht ihren Nutzen aus der Pflege durch den Menschen. Die Nutzung der Bienen durch den Menschen ist uralt. In Afrika steigen noch heute Mutige fast unbekleidet, mit einem schwelenden Grasbusch in der Hand, auf die Bäume, in deren Höhlen Wildbienen hausen, und brechen mit bloßen Händen die honigvollen Waben aus der Höhle. Es gibt mehr oder weniger stechlustige Bienen. Gefürchtet sind die Mörderbienen in Südamerika. Sie überfallen ohne erkennbaren Grund Menschen und Haustiere in riesiger Übermacht und töten sie durch ihre Stiche. Auch bei uns kommt es immer wieder zu Todesfällen bei Menschen, die gegen Bienengift empfindlich sind.

Wenn Heuschrecken »singen«, hat es immer einen Grund

60 Arten von Feldheuschrecken kommen nördlich der Alpen vor, alle sind Bewohner der Grasländer. Sie meiden den Wald, wo statt ihrer die Landheuschrecken für Gesänge sorgen. An einem Ort wird man bei uns kaum mehr als zwei oder höchstens drei Arten antreffen, denn unsere Feldheuschrecken stellen recht spezielle Anforderungen an ihren Lebensraum. Vor allem die Bodenfeuchtigkeit, die Höhenlage und die Beschattung begrenzen ihre Verbreitung. Die Feldheuschrecken sind im Sonnenschein unermüdliche Sänger, die vom Hochsommer bis weit in den Oktober ihre Konzerte geben. Beim Musizieren reiben sie ihre Schwungbeine an einer »Schrillader« auf den Deckflügeln. Die Feldheuschrecken sind sehr stimmbegabt. Bei den besten »Geigern« kann man sieben Gesänge heraushören, die durch verschiedene Bewegungen der als Geigenbogen dienenden Hinterbeine entstehen. So kennt man den Suchgesang, mit dem ein Männchen die Weibchen anlockt, den Werbegesang zu deren Begrüßung, den Paarungslaut, der die Paarung begleitet, und den Rivalengesang, mit dem die Männchen untereinander streiten. Manche Feldheuschrecken können auch mit den Zähnen knirschen und im Flug weit hörbar mit den Flügeln klappern. Wer singen kann, muß auch Ohren haben. Die Ohren der Feldheuschrecken liegen seitlich am Hinterleib und sind entweder durch die Flügel oder die Hinterbeine verdeckt. Es gibt übrigens auch stumme Feldheuschrecken, diese sind dann folgerichtig auch taub. Die Feldheuschrecken sind Vegetarier, die ziemlich wahllos alles fressen, was grün ist. Sie sind im Kulturland kaum schädlich, da sie sich in gepflegten Äckern und Wiesen schlecht halten. In Landstrichen mit Weidewirtschaft oder auf Feldern zwischen Ödland können sie dagegen schwere Schäden anrichten.

SIEDLUNGEN UND GÄRTEN

Dörfer, Städte, Höfe und Gärten sind eine Kunstlandschaft, die sich der Mensch erschuf. Dennoch haben hier vor allem viele Vögel eine neue Heimat gefunden. In Nischen aller Art bauen die Haussperlinge ihre Kugelnester, auf Mauervorsprüngen brüten verwilderte Tauben, unter den Dächern die Schwalben und in Kirchturmluken Dohlen und Turmfalken. Sogar ein ausgesprochener Baumbrüter, der Grünfink, hat sich umgestellt und brütet in Blumenkästen, auf Fensterbänken und Balkonen. Bei Nacht beginnt der Steinmarder seine räuberische Beutetour. Wespen bauen im Dachgebälk ihre Nester aus zerkautem Holz und Papier und suchen ihre Nahrung in Mülltonnen und am Frühstückstisch der Menschen. Hummeln umsummen die Blüten auf der Fensterbank in den Blumenkästen. In warmen Sommernächten locken die Lichter ein graues Heer von Nachtfaltern in die Städte. Der Wind trägt einen ganzen Sommer lang einen sirrenden, nicht endenden Strom von fliegenden Insekten aus dem Grünland der Umgebung in die Kunstlandschaft der Menschen. Die Nachtfalter sitzen dann am nächsten Morgen schlafend an Mauern und in Toreinfahrten, die zarten Insektenfresser unter den Vögeln suchen die Wände nach Futter ab, wie sie im Wald die Baumstämme und Zweige absuchten. Für die meisten dieser Irrgäste gibt es aus der Großstadt kein Entrinnen mehr. Alle Vögel, die hier leben, müssen in der Lage sein, die Nähe der unruhigen und lauten Menschen zu ertragen, dazu gehört eine Mischung aus Mißtrauen gegenüber allem Fremdartigen und Zutraulichkeit gegenüber allem Alltäglichen. Die schlauen Spatzen zum Beispiel beherrschen meisterhaft diese Mischung.

Neue Heimat, von der Hand des Menschen geschaffen

Viele Vögel vertrieb der Mensch aus ihren natürlichen Paradiesen – und ein Wunder geschah: Die Vertriebenen suchten und fanden in den Steinburgen der Großstädte, in aufgelockerten Siedlungen und in Gärten neue Zuflucht. In den Lärm des modernen Verkehrs mischt sich das Lied der Amseln und das Zilpen der Meisen

Buchfink

Eine Eischale zerbricht, ein Buchfink erblickt das Licht der Welt

Weiße Flügelbinden und der olivgrüne Bürzel machen den Buchfink unverwechselbar. Männchen und Weibchen sind wie bei den meisten Finkenvögeln verschieden gefärbt: Das Männchen hat kräftige Farben, das Weibchen trägt überwiegend dezentes Blaßgrau. Der Buchfink ist der häufigste Vogel in Mitteleuropa: Allein den Bestand in der Bundesrepublik schätzt man auf 10 bis 20 Millionen. Das einzige, was er von seinem Lebensraum fordert, sind Bäume: eine Pappelreihe im Wiesengrund, einen düsteren Fichtenhorst, einen winzigen Friedhof inmitten des Häusermeeres oder einen einsamen Bergwald. Das Geheimnis seines häufigen Vorkommens liegt wohl in seinem Zugweg, der ihn an Italiens Vogelfängern vorbei nach Westeuropa führt. Nur die alten Männchen bleiben bei uns und besuchen das Futterhaus. Wenn ein zarter grüner Hauch im Frühjahr die Wälder überzieht, beginnen die Buchfinken mit dem Nestbau. Von der ersten Brut kommt jedoch kaum ein Junges durch, denn der Wald bietet im April den Finken noch nicht genügend versteckte Plätze und den Nesträubern noch nicht den Nahrungsüberfluß des Sommers. Das Buchfinkennest gehört zu den kunstvollsten Vogelnestern: Innen ist es fein mit Federn und Haaren ausgelegt und außen mit Flechten und Spinnweb getarnt.

Kernbeißer

Die Kraft, mit der er zubeißt, entspricht einem Gewicht von 45 Kilo

Am Futterhaus wirkt der Kernbeißer zwischen den zierlichen Meisen und Finken wie ein Koloß. In der Tat ist er mit 18 Zentimeter Länge der Riese in seiner Verwandtschaft. Sein gewaltiger Schnabel macht ihn unverwechselbar und kennzeichnet auch die unscheinbar braunen Jungvögel, die bis zur Herbstmauser eine getropfte Brust tragen. Eine Kernbeißerfamilie im Kirschbaum wird oft zum Ärgernis: Die Vögel zerfleischen die Früchte und verspritzen den Saft, um an die Kerne zu kommen, die sie mit der Zunge im Schnabel drehen, bis die schwächste Nahtstelle oben liegt. Dann knacken sie den Kern und verzehren den nahrhaften Einschluß. Daneben verspeisen sie Bucheckern, die Früchte von Ahorn und Hainbuche, ferner Knospen und Insekten. Maikäfer können sie aus dem Flug ergreifen. In der Not wehrt sich der Kernbeißer mit herzhaften Bissen. Die Kraft, mit der er zubeißt, entspricht einem Gewicht von 45 Kilogramm. Die ersten Nester findet man Ende April, meist in lichten Laubwäldern oder Obstgärten und in zwei bis neun Metern Höhe. Sie sind flach mit viel Reisern gebaut und innen schön mit Haaren ausgelegt.

Ab Februar schon singen die Männchen ihre Tonreihen

Der Grünling ist Kulturfolger und im Grüngürtel vieler Großstädte der häufigste Vogel, verbreiteter noch als der Haussperling. Ab Februar singen hier überall die im Alter prachtvoll gelbgrünen Männchen ihre Tonreihen, oft auch im Singflug mit übertrieben »wuchtelndem« Flügelschlag. Das Nest, nicht so kunstvoll wie andere Finkennester, findet sich meist brust- bis reichhoch in dichten Hecken. Wenn die Jungen größer werden, verraten sie es durch langanhaltendes Bettelgeschrei bei den Fütterungen. Die verstädterten Grünlinge brüten schon im März und füttern ihre Jungen mit eingeweichten Sämereien. Erwachsene Grünlinge knacken Bucheckern und verzehren die Samen der Hagebutten, wobei sie die Frucht als leeren roten Kelch stehenlassen. Im Herbst ziehen die Grünlinge ab, nicht selten in gemischten »Flügen« mit Buchfinken, Goldammern, Hänflingen und anderen Finkenvögeln. Einzelne kommen bis Nordafrika. Dafür rücken bei uns Vögel aus nördlicheren Gegenden nach. Eigenartigerweise erscheinen sie kaum jemals am Futterhaus. Im Käfig brütet der Grünling besonders leicht. Er paart sich auch fruchtbar mit anderen Finkenvögeln, aber die Bastarde bleiben unfruchtbar.

Haussperling

Das Weibchen kann bis zu 50 Eier nachlegen, alle zwei Tage ein neues

Haussperlinge treten immer in Scharen auf, nie ist einer allein. Die Männchen tragen eine graue Kopfplatte, die Weibchen und Jungen sind unscheinbar braun. Kein Vogel dringt so weit wie er in das Herz der Industriestädte vor, und die Spatzen sind hier oft so schmutzig rußgrau wie ihre unfreundliche Umwelt. Der Haussperling ist, als Kulturfolger des Menschen, längst ein Weltbürger geworden. Er fehlt nur im tropischen Urwald, wo er von zahlreichen Verwandten, den Webervögeln, vertreten und vielleicht auch verdrängt wird. Daß er auch am Nordkap ausharrt, wo die Winternacht ein paar Monate dauert, ist dennoch verwunderlich. Seine Verwandtschaft mit den Webervögeln zeigt er beim Nestbau, wenn er kopfgroße wirre Grashaufen mit seitlichem Einschlupf errichtet, manchmal frei in Bäumen, meist aber in Höhlen und Halbhöhlen. Holt man ihm die Eier aus dem Nest, so legt das Weibchen bis zu 50 Stück nach, alle zwei Tage ein neues. Offenbar beginnt es erst dann mit dem Brüten, wenn es sich, wie auch immer, von der richtigen Eizahl - meist fünf bis sechs - überzeugt hat.

Feldsperling

Das Nest, einen Kugelbau, legen Feldsperlinge mit Blumen aus

Der Feldsperling unterscheidet sich vom Haussperling durch den schwarzen Ohrfleck, den beide Geschlechter tragen. Auch er ist ein geselliger Vogel. Den Winternächten trotzt er in seinen warm ausgepolsterten Bruthöhlen, aber nach Härtewintern sieht man doch viele mit erfrorenen Zehen. Sie brüten in Kolonien, gern in Nistkästen in Obstplantagen, aber auch in den Horsten großer Greifvögel bis herunter zum Habicht und in Storchennestern. Von den Greifvögeln haben sie nichts zu befürchten, denn der Horst ist ein befriedeter Bezirk, in dem nicht gejagt wird, weil sonst wohl dann und wann ein Jungvogel mit einem Beutetier verwechselt werden könnte. Das Nest der Feldsperlinge ist ein liederlich gebauter, aber warmer Kugelbau, der gern mit Blumen ausgelegt wird. Beim Kampf um die Bruthöhle setzen sich die Feldsperlinge gegen Meisen, Rotschwänzchen und Fliegenschnapper durch. Ein Paar lebt in Dauerehe zusammen, ein Männchen kann aber auch mehrere Weibchen zugleich betreuen - als Mann und als sorgender Vater. Der Nestbau beginnt im März, die Eiablage ab Mitte April. Beide Partner lösen sich etwa jede Viertelstunde beim Brüten ab. Die Jungen machen in den Höhlen beträchtlichen Lärm. Anfangs piepen und ab dem 10. Tag schilpen sie, am 16. Tag fliegen sie aus und brauchen dann noch etwa zwei Wochen lang Zufütterung von den Eltern. Im Herbst bilden die Feldsperlinge dichte Schwärme auf Brachäckern.

Der unermüdliche Sänger musiziert am liebsten vor seiner Höhle

Der Star hat bei uns keine näheren Verwandten und ist unverwechselbar. Nach der Mauser erscheint er zuerst prachtvoll getupft und später mehr glänzend schwarz. Der Star gilt als »Erfolgsvogel« in der Kulturlandschaft. Er verdankt dies seiner großen Zutraulichkeit zum Menschen und außerdem der Tatsache, daß ihn die Kleingärtner in ihr Herz geschlossen haben. Viele stellen für ihn eigens - in mindestens zwei Meter Höhe - einen Nistkasten auf, der in der Regel auch bereits im März vom »Starmatz« angenommen wird. Der unermüdliche Sänger musiziert am liebsten vor seiner Höhle und untermalt die Höhepunkte seines Gesangs mit Flügelschlägen. Oft kann man das Miauen des Bussards und den Pirolruf heraushören, aber wahrscheinlich sind es keine Nachahmungen, sondern eigene Tonschöpfungen des Sängers. Ab Anfang Mai fliegen die zuerst graubraun gefärbten Jungen aus und vereinen sich mit anderen Familien zu großen Scharen, die dann ihrer Nahrung nachziehen. Wo im Wald ein Kahlfraß durch Schadinsekten droht, versammeln sie sich alsbald zu einer Heerschar. Im Herbst stellen sie sich dann zur Obsternte ein und werden zur Plage für die Weinbauern. Oft hat man zur Abschreckung versucht, den Todesschrei des Stars mit tausendfacher Lautstärke wiederzugeben. Diese Wirkung stumpft sich aber rasch ab.

Sie wiegt nur elf Gramm und braucht täglich tausend Kerbtiere

In ihren pastellfarbenen Blau- und Gelbtönen ist die Blaumeise wohl unsere schönste Meise und von der kräftigeren, schwarz-gelben Kohlmeise leicht zu unterscheiden. In »offener Feldschlacht« kann sich die Blaumeise nicht gegen die stärkere Kohlmeise durchsetzen, aber dafür sucht sie ihre Nahrung turnend auf den äußersten Zweigspitzen, die der plumperen Kohlmeise nicht zugänglich sind. Sie brütet in Höhlen mit einem Schlupfloch, das für die Kohlmeise zu eng ist. Ein Schlupfloch von 30 Millimeter genügt ihr, wogegen die Kohlmeise mindestens 32 Millimeter braucht. Am winterlichen Futterhaus kann sich die graziöse Blaumeise aber auch sehr streitbar zeigen, wenn es um ihr Überleben geht. Im kahlen Vorfrühlingswald begleitet das Männchen sein Weibchen mit zweitönigem Trillergesang und überreicht ihm mit zierlichen Gesten ein Räupchen. Das Weibchen nimmt dann die Haltung des bettelnden Jungvogels an: Es piepst mit zitternden Flügeln und läßt sich füttern. Das Weibchen räumt notfalls älteren Unrat aus der Bruthöhle und baut das watteweiche Nest, auf dem sich die Eltern dann etwa jede Stunde beim Brüten ablösen. Die Jungen fliegen nach 13 Tagen aus.

Weit beugt sich die Rauchschwalbenbrut zur Fütterung aus dem Nest

Zwei Schwalbenarten brüten in unseren Dörfern: Rauchschwalben und Mehlschwalben. Die größere Rauchschwalbe hat eine rostrote Stirn und lange Schwanzspieße. Erst im Gefolge von Kuh und Stall drang sie aus ihrer südeuropäischen Urheimat nach Mittel- und Nordeuropa vor. An den kürzeren nordischen Sommer hat sie sich aber noch nicht so recht angepaßt. So kommen bei frühen Kälteeinbrüchen ganze Schwalbenheere immer wieder in ärgste Not: Wenn ihre fliegende Nahrung ausbleibt, sammeln sie Treibgut von den Gewässern, suchen in Ställen Fliegen an den Wänden und drängen sich bei Nacht zu dichten Trauben zusammen, um sich gegenseitig zu wärmen. Trotzdem vernichtet ein naßkalter September ganze Schwalbengeschlechter, die nicht rechtzeitig in den Süden aufbrachen. Oft können Tierfreunde helfend eingreifen, indem sie die halb erstarrten Vögelchen einsammeln und per Flugzeug ihren rechtzeitig aufgebrochenen Artgenossen über die Barriere der Alpen nachsenden. Doch bleibt dies eine fragwürdige Rettungsmethode. Die moderne Landwirtschaft macht den Rauchschwalben das Überleben immer schwerer: Um einen Traktor schwärmen keine Fliegen, und seitdem auch die Feldwege asphaltiert werden, finden die Schwalben kaum noch den nötigen Schlamm, um aus Lehm und Speichel ihre Nester hochzumauern. Mancher naturverbundene Bauer schüttet darum nach einer regenlosen Woche ein paar Eimer Wasser an einer lehmigen Stelle aus. Minuten später sind um die Pfützen alle Schwalben des Dorfes versammelt und gewinnen eifrig Nistmaterial. Die Rauchschwalbe ist die einzige Schwalbe mit bemerkenswertem, zwirbelndem Gesang, dem der Volksmund manchen Text unterlegt hat, wie zum Beispiel: »Als ich fortzog von hier, war mir die Welt voll so sehr, als ich wiederkam, als ich wiederkam, war alles leer.« Der Gesang wird im Sitzen wie im Fliegen vorgetragen – ein Vogel kommt ja beim Fliegen nicht außer Atem, weil seine Lungen leistungsfähiger gebaut sind als unsere. Nach einem Winter in Zentralafrika findet die Schwalbe meist wieder in ihren Stall zurück und polstert ihr altes Schlammnest luxuriös mit Federn aus.

Zum Schlafen kehren die Mehlschwalben in die Nester zurück

Die Mehlschwalbe klebt ihre kugeligen Lehmnester an die Außenwände von Häusern und polstert sie weich mit Federn aus. In Mitteleuropa ist ihr Bestand rückläufig, weil sie in unseren asphaltierten Wohnlandschaften nicht mehr genügend Lehm findet, um ihre Nester zu bauen. Ihre Wohnungsnot wird verschärft durch Dauerkrieg mit den ebenfalls wohnungssuchenden Spatzen. Außerdem spritzen junge Mehlschwalben ihren Kot aus der Nestöffnung, und mancher ärgerliche Hausbesitzer bestraft sie dafür mit dem Tode. Man kann ihnen leicht mit Kunstnestern helfen. Die eben flüggen Mehlschwälbchen kehren zum Schlafen in ihr Nest zurück, und auch die Alten schlafen in den Nestern. Die Vogelberinger klopfen die schlaftrunkenen Bewohner aus ihren Nestern und fangen sie mit einem vorgehaltenen Schmetterlingsnetz. Die jungen Mehlschwalben haben oft schwer unter einem Parasiten, der Schwalbenblutfliege, zu leiden. Diese Fliege legt ihre Eier in die Schwalbennester, und die ausschlüpfenden Maden saugen Schwalbenblut. Nicht selten schwächen sie die Jungen so sehr, daß sie niemals flugfertig werden, sondern sich aus dem Nest zu Tode stürzen, wenn der Trieb des Ausfliegens über sie kommt. Eigenartigerweise sind die Schwalben, die in Gefangenschaft leicht lernen, aus dem Napf zu fressen, nicht fähig, die Plagegeister aus dem Nest zu entfernen. Während schwerer Kaltlufteinbrüche ballen sich die Schwalben in geschützten Winkeln zu dichten Trauben zusammen. Dennoch sind sie empfindlich gegen Schlechtwetter. Den Winter verbringen sie in den Tropen und kehren nach den Rauchschwalben zurück, oft in ihr vorjähriges Nest.

Der Mauersegler, der rußschwarze Vogel mit der schnittigen Gestalt und dem reißenden Flug, der hoch über den Städten kreist, wird oft zu den Schwalben gerechnet, aber er ist nicht näher mit ihnen verwandt. Seine Brutgewohnheiten und seine Stimme beispielsweise sind anders als bei den Schwalben. Die Analogien in Gestalt und Flug sind Anpassungen an eine ähnliche Ernährungsweise: Schwalben wie Segler ernähren sich von Insekten, die sie im Flug aus der Luft greifen.

Mit Gesangsduellen gewinnen die Männchen die Gunst des Weibchens

Das Rotkehlchen mit seinem stillen Wesen, seinen großen, schwarzen Kulleraugen und seinem rostroten Brustlatz ist ein Vogel, der das Herz anspricht. Seinen perlenden, verträumten Gesang läßt es noch spät in der Dämmerung erklingen, wenn die übrigen Vögel in der Umgebung bereits schweigen. Auch im Spätherbst rührt sich im Rotkehlchen die Sangeslust, und an windstillen, warmen Abenden liefern sich manche Hähne ein kleines musikalisches Duell. Das Nest des Rotkehlchens liegt meistens am Boden unter hängenden Halmen, manchmal auch bodennah in einer Baumhöhle. Wie viele Kleinvögel brütet es zweimal im Jahr. Die schwedischen Rotkehlchen ziehen mehr Junge auf als die nordafrikanischen, weil sie in den langen nordischen Sommertagen besonders viel Futter herbeitragen können. Dafür gehen im kalten Nordlandwinter auch mehr Rotkehlchen zugrunde. Zur Brutzeit verteidigen die Rotkehlchen wie alle ungeselligen Vögel rund um ihren Brutplatz ein Revier gegen jeden Artgenossen. Das Revier muß groß genug sein, um Nahrung für die ganze Familie zu bieten. Aus der Ferne kämpfen die Reviernachbarn mit Gesangsduetten um die Reviergrenze, notfalls gehen sie aber auch mit Schnabel und Krallen aufeinander los. Im Winter ist das Rotkehlchen ein gerne gesehener Gast am Futterhaus, der aber mit harten Sämereien nichts anzufangen weiß.

Alle Spötter beherrschen die Kunst, Lieder von Vorsängern nachzuahmen

Der Gelbspötter gehört zu den Rohrsängern, ist aber dem Rohr untreu geworden. Ohne seinen jubelnden Gesang und seinen Warnruf »dideroi« kann er nur schwer erkannt werden. Er siedelt fast nur in Gärten mit dichten Büschen und locker stehenden Bäumen. Dort hüpft das lebhafte Vögelchen fast pausenlos durch das dichteste Laubwerk, kommt fast nie auf den Erdboden und sitzt nur still, wenn es seinen Gesang vorträgt. Der Gelbspötter zählt zu unseren besten Sängern. Sein Vortrag hat von den Rohrsängern her die Langatmigkeit und das mehrfache Wiederholen aller Klangfiguren, von der Singdrossel die Lautstärke und von allen Vögeln seiner Heimat, auch der tropischen Winterherberge, allerlei entliehene Melodien. Wie bei allen »Spöttern«, also Vögeln, die Vorsänger nachahmen, gibt es unter den Gelbspöttern gute und schlechte Sänger. Das Nest ist nach Rohrsängerart sehr fein gefilzt und umspinnt eine Gruppe aufragender Zweige. Es liegt zwar im dichtesten Buschwerk, ist aber nicht immer auch gut verborgen. Der Gelbspötter verbringt höchstens vier Monate in seiner Brutheimat und den Rest des Jahres in tropischen Wäldern.

Wo neue Häuser gebaut werden, baut er gerne sein Nest

Der rußschwarze Hausrotschwanz ist nahe mit dem bunten Gartenrotschwanz verwandt. Da aber niemals zwei Arten die gleichen Ansprüche an ihren Lebensraum stellen – sonst würde die eine Art die andere ausrotten –, gibt es auch hier einen Unterschied: Der Hausrotschwanz war ursprünglich Felsbewohner, der Gartenrotschwanz lebt im Grünland. So sind die Arten getrennt. Heute liebt der Hausrotschwanz die »Felslandschaften« der Vorstädte. Er stellt sich besonders gerne dort ein, wo ein Haus gebaut wird, und verschwindet wieder, wenn der Bau beendet ist. Im Gebirge brütet er in Felsnischen, im Umkreis des Menschen wählt er statt dessen düstere Winkel in Schuppen oder dergleichen und nistet dort. Das Nest steht meist als wirrer Halmenhaufen mit eingearbeiteter Mulde auf einer ebenen Unterlage, durchweg in Händereichweite. Der Hausrotschwanz gilt als Halbhöhlenbrüter. Er brütet im Gegensatz zum Gartenrotschwanz zweimal im Jahr, eine »Erinnerung« an den längeren Sommer in seiner südlicheren Urheimat. Die Eier sind von zart durchscheinendem Weiß, ein Sonderfall unter den sonst immer gescheckten Singvogeleiern. Der Gesang klingt quietschend, krächzend, wie herausgewürgt.

Beim Füttern der hungrigen Brut hilft auch das Amselmännchen

Die Amsel lebt in der Stadt und im Wald und gilt als bekanntester Singvogel überhaupt. Waldamseln sind scheue Vögel, die Stadtamseln dagegen eher dreist, wenn auch mißtrauisch gegen alles Fremde. Wäre die Amsel nicht so alltäglich, würde sie als unser bester Sänger gelten. Sie ist am musikalischsten und unerreicht im Erfinden von Melodien. Schon an milden Wintertagen beginnt sie mit flüsterleiser Stimme zu singen, sie »phantasiert«. Um die Zeit des ersten Tauwetters ist sie dann mit voller Stimme da. Am liebsten singt sie bei windstillem Nieselregen und in der Dämmerung. Die Stadtamseln sehen manchmal ziemlich »vergammelt« aus; manche singen nie, andere schon in der von Laternen erleuchteten Winternacht. Viele sind weißlich gescheckt. Manche machen schon im Winter Brutversuche, und andere brüten überhaupt nicht: Großstadtverwahrlosung auch bei den Vögeln. Das Amselnest, ein tiefer Napf, wird von den Waldamseln aus Erde gearbeitet und mit Halmen ausgelegt. Es liegt oft kaum versteckt. Eine Amsel im Garten kann man durch Vorlegen von Regenwürmern dazu bringen, den Wurm aus der Hand des Menschen zu nehmen, ihm in das Zimmer zu folgen oder auf Zuruf zu erscheinen.

Singdrossel

Mit raffiniertem Trick jagt sie ihrem Artgenossen einen Wurm ab

Die Singdrossel ähnelt sehr der Misteldrossel, ist aber deutlich kleiner und im ganzen etwas dunkler und bräunlicher gefärbt. Sie kommt schon im Vorfrühling, etwa gleichzeitig mit der Ringeltaube und der Waldschnepfe, aus ihrem Winterquartier zurück. Der Drosselhahn schmettert schon vom ersten Tage an seinen Gesang von der Spitze eines Baumes oder von einer Fernsehantenne; obwohl ursprünglich ein scheuer Waldvogel, wurde die Singdrossel weitgehend ein Vogel der Parkanlagen und Gärten. Hier baut sie ihr Nest niedrig und oft kaum verborgen in das Gebüsch. Nur das Weibchen hat den Nestbauinstinkt. Es kleidet das Nest mit einem Brei aus zerkautem und eingespeicheltem, morschen Holz aus, so daß das Nest nach dem Erhärten weder so warm noch so weich ist, wie man sich ein Vogelnest vorstellt. Dafür überdauert es aber Jahre und oft auch seine Erbauer. Die jungen Singdrosselmännchen beginnen schon im Nest einen leisen Gesang, sie »dichten«. Die Jungen hüpfen, noch ehe sie fliegen können, aus dem Nest und verbergen sich im Dickicht.

Gartenrotschwanz

Bis zu 300mal am Tag fliegen die Eltern mit Nahrung zur Brut

Der männliche Gartenrotschwanz ist auffallend bunt (unser Bild), das Weibchen dagegen unscheinbar braun. Es hat aber auch den roten Schwanz. Der schmucke Vogel bewohnt Parkanlagen, Gärten und Friedhöfe, immer aber Reviere mit lockerem Baumbestand. In den letzten Jahren verschwand er zunehmend; man macht wohl mit Recht die Spritzmittel dafür verantwortlich. Heute gespritzt – und morgen liegen die Jungen tot in den Nestern, auch wenn die Spritzbrühe angeblich unschädlich war. Ende März kommen zunächst die Männchen aus Afrika zurück und besetzen meist die angestammten Reviere. Hier fliegen sie nach einem lockeren Stundenplan ihre Singwarten ab und tragen ihr Liedchen vor. Kommen später die Weibchen, so zeigt das Männchen ihnen durch Anfliegen mit weit gespreiztem Rotschwanz die Nisthöhle, meist einen Meisenkasten mit einer Fluglochweite von 32 Millimeter oder etwas mehr. Artgenossen und andere rotbrüstige Vögel werden mit großer Streitlust aus dem Revier vertrieben. Der rote Schwanz löst dagegen keine Angriffe aus. Deshalb können ihn auch schon die Jungen tragen, wenn sie nach dem Ausfliegen noch im elterlichen Revier gefüttert werden. Die Nisthöhle, zwischen einem und fünf Meter hoch gelegen, wird mit Moos, Haaren und Federn ausgelegt. Nur das Weibchen brütet, und zwar von der Ablage des letzten Eies an. Darum schlüpfen alle Jungen etwa gleichzeitig. Sie werden mit zarten Insekten aufgezogen, die die Eltern einzeln im Schnabel herbeischaffen – bis zu 300mal am Tage.

Wo Türkentauben zum ersten Mal brüteten, bleiben sie das ganze Leben

Die zierliche, nur wenig über amselgroße Türkentaube mit der schwarzen Nackensichel war noch vor hundert Jahren nur in Südosteuropa, Vorderasien und Südasien heimisch. Dann aber begann sie, sich nach Norden auszubreiten: 1930 hatte sie schon Skandinavien erreicht. Diese Ausbreitung war kein Vorrücken auf breiter Front, sondern begann mit der Gründung und Ausweitung von Brückenköpfen in vorher unbesiedeltem Gebiet. Heute ist ihr Vormarsch im Norden und Osten zum Stillstand gekommen, weil ihr dort die Winterkälte Grenzen zieht.

Auch bei uns sieht man nach kalten Wintern Tauben mit erfrorenen Zehen. Türkentauben sind Vögel der Dörfer und Vorstädte, wo sich die Tauben durch ihren Balzruf – ab Anfang Februar täglich von sechs bis neun Uhr – unbeliebt gemacht haben. Der Tauber bringt die Zweige, die Taube baut das Nest. Es besteht zwar nur aus einer durchsichtigen Lage von Zweigen, wird aber später durch den Kot der Jungen dauerhaft verbacken. Der Tauber brütet etwa von 10 bis 16 Uhr, die Taube nachts. Wenn die Jungvögel mit 14 bis 21 Tagen ausfliegen, fehlt ihnen noch die schwarze Nackensichel. Sie ziehen später fort und lassen sich irgendwo nieder, und dort, wo sie zum erstenmal gebrütet haben, bleiben sie dann auch für den Rest ihres Lebens.
Im Herbst sammeln sich alle Brutvögel eines Gebietes zu Schwärmen, die auf Nahrungssuche über die Felder streifen. Manche kommen auch ans Futterhaus.

Das brütende Weibchen wird auf dem Nest vom Männchen gefüttert

Die Schnäpper sind fluggewandte Singvögel, die ihre Nahrung, fliegende Insekten, in geschicktem Flatterflug aus der Luft greifen. Die größte und verbreitetste heimische Schnäpperart ist der Grauschnäpper. Er kommt im ersten Maidrittel aus der Winterherberge zurück. Der Grauschnäpper ist ein Wartejäger, der auffliegt, wenn ein Fluginsekt vorüberkommt. Er greift es geschickt und mit hörbarem Schnabelklappen aus der Luft. Sogar die Tagfalter mit ihrem unberechenbaren Zickzackflug entgehen ihm nicht, daneben pickt er, im Rüttelflug schwebend, Insekten und Spinnen von Rinden und Wänden. Die erbeuteten Tiere schlägt er dann so lange gegen die Unterlage, bis Flügel und sperrige Beine abbrechen; unverdauliche Chitinteile werden später als Gewölle ausgeworfen. Das Nest wird meist auf Veranden, Dachbalken oder dergleichen errichtet. Das Männchen bringt die Baustoffe, und das Weibchen verbaut sie nach seinen Körpermaßen, indem es mit der Brust drückt, mit den Beinen strampelt und mit dem Schnabel ordnet. In zwei Tagen ist das Nest fertig, am dritten wird das erste Ei gelegt. Das Weibchen brütet und wird dabei vom Männchen auf dem Nest gefüttert.

Ungeliebte »Untermieter« im Revier des Menschen

So nahe beim Feind wie der Steinmarder und die Hausmaus wagt kein anderes Wildtier zu wohnen: auf den Dachböden niedriger Häuser und in Schlupfwinkeln im Keller. Dennoch bekommt der Mensch die Nachtgesellen selten zu sehen. Nur der Igel trippelt schon in der Dämmerung durch die Gärten

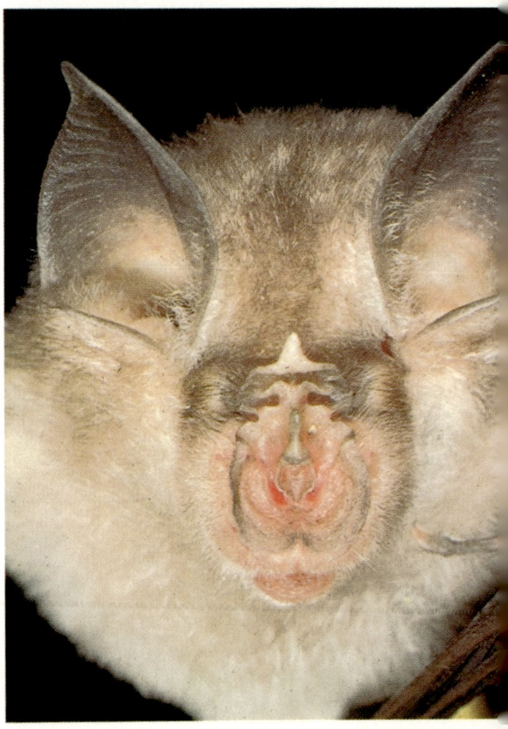

Bereits vor 70 Millionen Jahren gingen Fledermäuse in die Luft

Die Fledermäuse haben mit Mäusen nichts zu tun, man nennt sie daher auch sinnvoller Fledertiere. Sie gehören zu einer alten Ordnung von Säugetieren, die bereits vor mehr als 70 Millionen Jahren in die Luft gingen und den Schlagflug ausübten, in dessen Geschicklichkeit sie sogar die Vögel übertreffen. Sie sind neben den Nagetieren die artenreichste Säugetierordnung überhaupt. Diese Nachtgeister sind den meisten Menschen in ihrem Körperbau, ihren Sinnesleistungen und ihrer Lebensweise unheimlich. Daß 18 Arten von ihnen allein in Mitteleuropa vorkommen, ist wenig bekannt. Die Arten stellen verschiedenartige Ansprüche an Beutetiere, Jagdgebiete, sommerliche Ruheplätze und Winterschlafquartiere. Auch unterscheiden sie sich in der Flugweise, so daß der Fachmann sie bereits daran erkennen kann. Allen ist jedoch gemeinsam, daß sie nächtliche Kerbtierjäger sind, die ihre Beute im Fluge durch Echopeilung sicher orten und fangen. Sie stoßen dabei in schneller Folge Ultraschallaute aus, deren Echo sie genau zu deuten wissen. So orientieren sie sich nicht nur über ihre Beute, sondern über die Beschaffenheit ihres Lebensraumes überhaupt und fliegen in vertrauter Umgebung meist nach einer Hörgedächtniskarte, da ihre Augen wenig leistungsfähig sind. Die oben abgebildete dunkelbraunfellige Breitflügelfledermaus ist eine der 18 heimischen Arten. Sie gehört zur Familie der Glattnasen.

Aus den Nasen senden sie ihre Orientierungsstrahlen aus

Im Gegensatz zur Familie der Glattnasen, zu der die Breitflügelfledermaus gehört, weisen die Hufeisennasen keine glatte, sondern eine mit einem verwickelt gebauten Aufsatz versehene Nase auf. Dieser Aufsatz dient der Ultraschallaussendung. Denn anders als bei den Glattnasen senden die Hufeisennasen ihre Orientierungslaute, die mit dem Kehlkopf erzeugt werden, nicht durch das Maul, sondern durch die Nase aus. Die Treffsicherheit der Richtstrahlen wird durch den Nasenaufsatz verstärkt, so daß die Hufeisennasen die Echopeilung noch besser handhaben als die Glattnasen und noch kleinste Mücken im Fluge aufzuspüren vermögen. Der so eigenartig aussehende Nasenaufsatz ist also eine bis in die Einzelheiten hinein sinnvoll ausgebaute Einrichtung von lebenswichtiger Bedeutung. Die Hufeisennasen sind in 74 Arten über Europa, Asien, Australien und die pazifischen Inseln verbreitet, zwei davon, die Klein- und die Großhufeisennase, kommen auch bei uns vor. Die Kleinhufeisennase hat eine Kopfrumpflänge von 3,5 bis 4,3 Zentimeter, die Großhufeisennase von 5 bis 6,9 Zentimeter. Erstere hat ein oberseits rötlichgraubraunes, letztere ein dunkelgraubraunes Fell. Die Nasenaufsätze beider Arten weichen in bestimmten Einzelheiten voneinander ab. Die Großhufeisennase kommt in Europa, Klein-, Vorder- und Mittelasien bis Korea vor, die Kleinhufeisennase in Europa, Vorderasien und Afrika. Beide Arten lieben baum- und buschbestandenes Gelände und nehmen ihr Sommerquartier in den Eingangsseiten von Felsenhöhlen, Stollen, Kellern oder großen Dachböden. Ihr Winterquartier, in dem sie Winterschlaf halten, finden sie in Grotten, Stollen und Felshöhlen. Im Gebirge leben sie in Höhen von 2000 Meter. Tagsüber schlafen sie frei an den Hinterfüßen hängend und in ihre Flughäute eingehüllt. Nach Anbruch der Dunkelheit beginnen sie ihren Jagdflug, der dem Flug eines Schmetterlings ähnelt, bei der Kleinhufeisennase aber schneller und schwirrender vor sich geht und sich in Höhen zwischen einem halben und fünf Meter bewegt. Leider nehmen die moderne Betonbauweise und der Massenverbrauch von Insektiziden unseren Fledermäusen die Quartiere und die Nahrungsgrundlage, so daß diese harmlosen und nützlichen Nachtgeister dem Aussterben langsam, aber sicher entgegengehen.

Immer mehr Igel werden Opfer des Verkehrs und der Pflanzenschutzgifte

In der Ordnung der Kerbtierfresser stellen eine eigene Familie die Igel dar, die zu den ältesten Säugetiervertretern auf der Erde gehören und über 70 Millionen Jahre alt sind. Dank ihrer versteckten und nächtlichen Lebensweise und ihres Stachelkleides haben sie die langen Zeiten bisher gut überstanden. Nun aber ist auch unser heimischer Igel vom Aussterben bedroht, werden doch allein in der Bundesrepublik jährlich mehrere hunderttausend dieser Tiere von Autos totgefahren. Weil ein Igel gegenüber einem überlegenen Feind von altersher auf die Wirkung seiner Stacheln vertraut, die ihn, wenn er sich zusammenrollt, unangreifbar machen, rollt er sich auch beim Herannahen eines Autos zusammen. Neben den Autos sind es vor allem die von der Land- und Forstwirtschaft verwendeten Gifte, denen viele Kleintiere zum Opfer fallen. So wird die Ernährungsgrundlage für den Igel immer schmäler. Dazu kommt noch die Flurbereinigung, die ihm viele seiner natürlichen Schlupfwinkel in Form von Hecken, Gebüschen, Feldgehölzen und bewachsenen Rainen entzieht. Der Igel ist in jedem deckungsreichen Gelände, wie Gärten, Parks, Wäldern, Gebüschen, Hecken, in der Ebene und im Gebirge bis 2000 Meter Höhe anzutreffen. Mit Dämmerungsbeginn kommt er aus seinem Versteck und trippelt lärmvoll im Unterwuchs auf der Suche nach Freßbarem umher. Er sucht vor allem Schnecken, Würmer, Kerb- und andere wirbellose Tiere.

Marder markieren ihre nächtlichen Wanderwege mit Duftstoffen und Urin

In Mitteleuropa leben die Marderarten Dachs, Mauswiesel, Hermelin, Iltis, Steinmarder, Baummarder und Otter. Stein- oder Hausmarder und Baum- oder Edelmarder sehen sich ähnlich, so daß sie vom Laien leicht verwechselt werden. Ihr Fell ist braun, beim Baummarder dunkler mit nicht durchschauender, beim Steinmarder heller mit deutlich durchscheinender grauweißer Unterwolle. Der helle Kehlfleck leuchtet beim Steinmarder meist blendend weiß und erstreckt sich bis auf die Armansätze. Beim Baummarder erscheint er meist dottergelb und ist in der Form rundlich. Der Steinmarder bevorzugt schlupfwinkel- und deckungsreiches Gelände, im Gebirge bis 2000 Meter Höhe. Er lebt auch gern als Siedlungsfolger in Dörfern und Städten, wo er den Mäusen, Ratten, Hühnern, Tauben und anderem Geflügel nachstellt. Auch Kerbtiere, Würmer, kleine Wirbeltiere, Kleinsäuger, Jungwild, Eier, Beeren, Obst und Weintrauben stehen auf seiner Speisekarte. Als Dämmerungs- und Nachttier macht er sich öfter durch sein nächtliches Gepolter, Gekreische und Geschrei bei der Ratten- und Taubenjagd oder während der Ranz-(Paarungs-)Zeit im Juli und August in Gärten, auf Höfen, Dächern oder Dachböden unangenehm bemerkbar.

Fünf bis sechs Würfe mit je fünf bis sechs Jungen sind ganz normal

Unsere allbekannte Hausmaus gehört mit Hausratte, Wanderratte, Wald-, Gelbhals-, Brand- und Zwergmaus zu den heimischen Echtmäusen, einer Unterfamilie der Mäuse, die mit rund 500 Arten in der Alten Welt verbreitet sind. Die oben genannten heimischen Vertreter können als Langschwanzmäuse bezeichnet werden, haben sie doch alle einen körper- oder mehr als körperlangen, nackten Schwanz und große, nackte, rundliche Ohren, womit sie für den Laien das typisch Mäuseartige verkörpern. Unsere Hausmaus stammt aus dem Vorderen Orient, wo sie sich als Siedlungsfolger dem Menschen anschloß, als dieser seßhaft wurde und vor etwa 8000 Jahren anfing, Getreide anzubauen und die Körner als Vorrat einzulagern. Getreidekörner sind für sie als Grassamenfresser eine sehr willkommene Speise. Mit dem Menschen verbreitete sich die Hausmaus über die ganze Welt. Bereits lange vor der Zeitwende züchteten die Chinesen aus der Hausmaus die weiße Maus und die Tanzmaus als Spieltiere heraus. Die weiße Maus wird heute in aller Welt als Versuchstier gezüchtet und alljährlich zu vielen Millionen »verbraucht«. Die Tanzmaus kann aufgrund eines angeborenen Labyrinthdefektes (Gleichgewichtsorgan im Innenohr) nur noch im Kreise laufen.

Fliegende Akrobaten, stechende Baumeister

Wo der Mensch sie trifft, versucht er sie zu verjagen oder zu erschlagen: die Stubenfliege und die Wespe. Für ihn wurden sie zum Ärgernis. Und doch sind sie ein Wunder der Natur. Die Stubenfliege macht mit ihren Flügeln 200 Schläge in einer einzigen Sekunde. Die Wespe baut Nester, die man als Meisterwerke der Architektur bezeichnen könnte

Der Geschmackssinn der Stubenfliege sitzt in den Fußspitzen

Die Stubenfliege lebt überall dort, wo auch Menschen leben. In den Stadtwohnungen ist sie allerdings in letzter Zeit etwas seltener geworden als auf dem Lande. Die Stubenfliege hat wie alle anderen Fliegenarten nur zwei Flügel. Sie genügen ihr aber, um die geschicktesten und akrobatischsten Flugmanöver auszuführen. Pro Sekunde macht sie mit ihren Flügeln 200 Schläge, eine Zahl, die man sich kaum vorstellen kann. Oft kreist sie stundenlang unter der Deckenlampe und landet dann mühelos an der Zimmerdecke; dazu bedarf es eines halben Saltos. Sie läuft mit dem Kopf nach unten an der Decke herum, so glatt diese auch sein mag. Der Raum unter der Lampe wird auch zum Balzplatz. Hier paaren sich die Fliegen im Flug. Die Stubenfliege hat weder beißende noch kauende oder stechende Mundteile. Daher kann sie nur Flüssigkeiten zu sich nehmen. Der Geschmackssinn sitzt in den Fußspitzen. Wenn die Fliege auf etwas Genießbares tritt, fährt sie ihren Saugrüssel aus. Sie wird auch mit einem Zuckerkorn fertig: Sie befeuchtet es mit Speichel und saugt die entstehende Zuckerlösung auf. Im Herbst schwinden die Fliegenscharen dahin. Manchmal sieht man auch noch eine »Winterfliege«, aber spätestens im Januar ist auch sie abgestorben. Die Vermehrung der Fliegen ist ungeheuer; ein einziges Paar könnte im Jahr Billionen Nachkommen haben, gäbe es keine Feinde.

Sie bauen ihre Waben aus zerkautem und eingespeicheltem Holz

In Mitteleuropa leben rund 10 000 Wespenarten. Die meisten von ihnen zeigen ihre hohe »geistige« Begabung durch eine kunstvolle Brutfürsorge und Brutpflege. Nur wenige Arten leben in Staatsgemeinschaften zusammen. Diese »sozialen« Wespen kann man in zwei Gruppen unterteilen. Zur einen zählen die Feldwespen (Foto links). Sie bilden jedoch nur kleine Gemeinschaften mit höchstens einigen Dutzend Mitgliedern. Die Königin kann man bei ihnen äußerlich kaum von den Arbeiterinnen unterscheiden. Die Nester bestehen nur aus einer Wabe, die ohne weitere Hüllen an einen Pflanzenstengel oder unter einen Stein gebaut ist. Sie wird aus zerkautem und eingespeicheltem Holz, dem sogenannten Wespenpapier, gebaut. Die andere Gruppe bildet Staaten mit manchmal Tausenden von Mitgliedern. Zu ihr gehören auch die Deutschen Wespen (oben). Ihre Nester bestehen aus mehreren, waagerecht untereinander angebrachten Waben, die von einer vielschichtigen, kugelförmigen Hülle aus »Wespenpapier« umschlossen sind. Diese Hülle wirkt als vorzüglicher Wärmeisolator. Im Inneren eines solchen Nestes herrscht stets eine bedeutend höhere Temperatur als außen. So ist die einzelne Wespe zwar ein Kaltblüter, der Wespenstaat aber eine dauerwarme höhere Einheit.

Dungfliegen suchen nicht nur auf Viehweiden ihre Beute

Dungfliegen sind – trotz ihres Namens – hübsche und interessante Fliegen. Sie überwintern als erwachsene Tiere und sind auch an warmen Wintertagen, wenn sonst fast alles Insektenleben ruht, auf Viehweiden anzutreffen. Im Sommer gehören sie zu den eifrigsten Blütenbesuchern, treiben sich aber auch gerne auf Kuhfladen herum. Auf den Blüten naschen sie ab und zu an einem Nektartropfen, aber eigentlich gilt ihr Blütenbesuch den anderen Blumengästen, die sie überfallen, mit ihren dornigen Vorderbeinen umgreifen und mit dem Rüssel aussaugen. Sie wagen sich sogar an kleinere Hummeln. Ihr Rüssel ist mit Chitinzähnen bewaffnet, aber nicht stark genug, um den soliden Panzer der meisten Insekten zu durchstoßen. Doch sie wissen ihn an der Schwachstelle zwischen Kopf und Brust in ihr Opfer einzustoßen. Im Sommer sieht man die Dungfliegen häufig gepaart, wobei das zarte, grünlichgelbe Weibchen das kräftigere, goldgelb behaarte Männchen auf dem Rücken trägt. Beide können so rasch und sicher fliegen. Auch während der Eiablage auf frischem Kuhmist trägt das Weibchen sein Männchen mit sich herum. Die Eier sind eigenartig geformt – sie tragen zwei flügelartige Seitenteile, deren Funktion unklar ist. Die fuß- und augenlosen Larven leben im Dung. Neben der hier beschriebenen und abgebildeten Gelben Dungfliege gibt es noch rund 500 weitere Arten. Ihr Hauptverbreitungsgebiet sind die nördlichen gemäßigten Zonen. Nicht alle Arten halten sich in der Nähe von Dung auf, einige leben an anderen, eher feuchten, aber nicht schattigen Orten.

FLÜSSE, TEICHE UND SEEN

Auf der Oberfläche unseres Planeten gibt es keine andere Substanz in ähnlichem Überfluß wie das Wasser. Aber nur ein Bruchteil dieses Wassers, etwa ein Fünftausendstel, ist trinkbar. Und doch ist es gerade diese winzige Menge, die den Menschen und alle Landtiere am Leben erhält. Selbst klares Quellwasser, wie es dem Gebirge, einer Wiese oder dem Waldboden entspringt, beherbergt schon eine Fülle kleinster Lebewesen. Auf ihrer Tätigkeit beruht die biologische Selbstreinigungskraft aller natürlichen Gewässer, auf ihrem Dasein der Artenreichtum an Tieren. Dennoch ist auch der Lebensraum Wasser für unsere heimischen Tiere kleiner geworden. Es gibt viele Gründe dafür. Die Flüsse wurden in den vergangenen Jahren mehr und mehr kanalisiert. So trockneten die Seitenarme dieser Flüsse mit ihren Auen aus. Auch die Altwässer und Aufstauungen - vor allem ein Werk der Biber - sind selten geworden. Die Zementierung vieler Flußufer beraubte vor allem viele Vögel ihrer Brutstätten. Und die steigende Flut der Industrieabwässer führte zum Tod unzähliger Kleinstinsekten, einer wichtigen Nahrungsquelle für Lurche und Frösche. Ein gewisser Ersatz für diese verengten Lebensräume wurden indes Rieselfelder und Speicherbecken, die zur Klärung von Abwässern angelegt wurden. Auch viele Kiesgrubenseen - also künstliche Gebilde - sind für Tiere eine Art „Ersatzheimat“ geworden, entwickeln sich sogar zu Vogelparadiesen, wenn Störungen von ihnen ferngehalten werden können.

Paradiese an Seen, Flüßen und Teichen

Von erstaunlicher Vielfalt ist noch immer die Welt der Vögel dort, wo Wasser in seinen verschiedensten Formen die Landschaft bestimmt. Majestätisch gleiten die Schwäne dahin, etwas eiliger die Stockenten. Unruhig trippeln und wippen die Bachstelzen. Frech klingen die Schreie räuberischer Lachmöwen

Schwäne gehören zu den schwersten, flugfähigen Vögeln der Welt

Die Schwäne sind Vögel der kalten Zonen der Erde. Nur der Höckerschwan brütet auch in Mitteleuropa. Im Winter bekommt er Gesellschaft durch Sing- und Zwergschwäne aus dem Norden. Diese beiden Schwäne haben keinen Stirnhöcker und gelbe Schnabelwurzeln. Der Höckerschwan ist heute in halbwildem Zustand eine Zierde fast aller Parkweiher, brütet aber auch weitab vom Menschen im Schilfwald. Am Nest greift er Menschen und Hunde an, was die echten Wildschwäne in Nord- und Osteuropa niemals tun. Der Schwan gehört zu den schwersten flugfähigen Vögeln überhaupt. Wenn sein Wohngewässer zufriert, kann er bis zu 1000 km weit verstreichen. Im Flug hört man sein lautes Flügelbrausen. Es hilft den sonst fast stummen Schwänen, ihre Wanderschar zusammenzuhalten. Die Schwäne bleiben in lebenslanger Ehe beieinander, aber dennoch rafft sich der Schwanenmann in jedem Winter zu dekorativen Balzgesten auf. Das Paar zeigt im Gleichtakt anmutige Halsbewegungen wie Schnabeleintunken, gelegentlich über den Hals des Partners hinweg. Die Paarung gelingt nur auf dem Wasser. Das Schwanenpaar hält treu an seinem Brutrevier fest, das Männchen vertreibt von der Schneeschmelze an alle Rivalen. Seine schwächste Drohgeste ist das Flügellüften. Ein stärker drohender Schwan legt den Hals auf den Rücken und schwimmt stoßartig auf den Eindringling zu.

Ihre Zutraulichkeit büßt die Kanadagans oft mit dem Verlust ihrer Eier

Die Geschichte der europäischen Kanadagänse begann im Jahre 1678, als die ersten dieser großen Vögel in einem englischen Park ausgesetzt wurden. Seither sind sie überall im Vordringen. Der schwedische Bestand hat 10 000 Tiere bereits überschritten. Sie haben inzwischen eine eigene Zugtradition entwickelt und überwintern im ostfriesischen Raum. In Deutschland wird die Kanadagans vielfach als freifliegender Parkvogel gehalten, ihre Verwilderung zum Freibrüter scheitert aber meist an ihrer Zutraulichkeit, die sie mit dem Tode oder wenigstens mit dem Verlust ihrer Eier büßen muß, wenn keine Wärter über sie wachen. Immerhin brütet sie nun an einigen Seen in Bayern.

Eine Stockenten-Ehe dauert nicht länger als eine Saison

Die Entenmännchen oder Erpel tragen nur vom Herbst bis in den Frühsommer ihr buntes Prachtkleid, das sie unverwechselbar macht. Im Hochsommer legen sie dann ein unscheinbares Kleid an, in dem sich alle Arten ziemlich ähnlich sehen. Auch die Küken der verschiedenen Arten sind sich zum Verwechseln ähnlich. Die weiblichen Enten sind immer schlicht braun. Die Stockente ist die häufigste Ente in der Kulturlandschaft, weil sie sich an die Nähe des Menschen gewöhnen kann und sich auch mit meterbreiten Entwässerungsgräben als Brutgebiet zufriedengibt. Der europäische Bestand wird auf zwei Millionen geschätzt und ist in etwa konstant, obwohl die Stockente in ihren Winterquartieren in Südeuropa mit einem fast kriegsmäßigen Aufwand bejagt wird. Alle Enten führen eine Saisonehe, die unter auffälligen Balzspielen alljährlich neu geschlossen wird. Die Balzzeit beginnt Mitte September, gipfelt im Oktober und erlischt im Frühling. Zur Balz versammelt sich eine Gruppe von Erpeln auf einer Wasserfläche und führt gemeinsam eine Folge von Gesten auf, die man als Kurzhochwerden, Grunzpfiff, Aufbaubewegung bezeichnet hat. Etwa jede halbe Stunde gibt es eine »Aufführung«.

Unermüdlich läßt die Bachstelze ihr »philipp, philipp« erklingen

Die Stelzen sind langschwänzige, schlanke Vögel und gute Fußgänger. Die Gebirgs- und die Viehstelze haben eine gelbe Unterseite, die Bachstelze ist nur in Schwarz, Weiß und Grau gekleidet, wenn ihre Zeichnung auch nach Alter und Jahreszeit recht verschieden ausfallen kann.

Die Bachstelze gehört auch heute noch zum Bauerndorf wie der Hahn auf dem Mist. Unter nie endendem Schwanzwippen trippelt sie mit steifen Beinen und großen Schritten über den Dachfirst, rennt behende hinter einem fliegenden Insekt her und vermag es auch im Flatterflug aus der Luft zu fangen. Zu allen Gelegenheiten läßt sie ihren Ruf hören, den man mit »philipp« deuten kann. Sie ruft sogar im Flug, der schnell und in weiten Bögen dahingeht. Dabei legt die Stelze nach ein paar schwirrenden Flügelschlägen die Flügel an und läßt sich von dem Schwung ein Stück weitertragen, bis sie wieder die Flügel rührt. Es heißt, daß selbst der Sperber ihr nicht folgen könne. Bachstelzen ziehen zwei, manchmal auch drei Bruten in einem Sommer auf, zuweilen sogar im gleichen Nest. Da müssen die Weibchen schon wenige Tage nach dem Ausfliegen der Jungen wieder mit dem Eierlegen beginnen. Sie brüten in Mauerlöchern, Holzstößen, zwischen Dachbalken und meist in Wassernähe; einzelne Paare wohnen auch »exklusiv« in den bewohnten Horsten von Fisch- und Seeadlern.

Nach drei Wochen Brutzeit schlüpft ein winziges Wunder

Das Bläßhuhn, auch Bläßralle genannt, hat seinen »Vornamen« von der »Blässe«, also der weißen Stelle auf der Stirn. Obwohl zur Familie der Rallen gehörend, die durchweg Schlüpfer im Schilf sind, lebt das Bläßhuhn nach Art der Tauchenten auf der freien Wasserfläche von Seen und trägen Flüssen. Es kommt aber auch zum Grasen ans Ufer. Die streitbaren Bläßrallen liefern sich zur Paarungszeit heftige Kämpfe um das Revier. Sie verteidigen später ihre Eier gegen den Feind, sogar gegen den Menschen. Auf der Flucht laufen sie flügelschlagend über das Wasser, und wenn sie sich in die Luft erheben, sieht es aus, als würden sie im nächsten Moment wieder landen müssen. Trotzdem sind sie Zugvögel, die im Spätherbst zu eisfreien Gewässern ziehen. Das Nest, ein zwischen Schilfstengeln im Wasser verankerter Haufen aus trockenen Schilfhalmen, bedarf während der Brutzeit ständiger Ausbesserung; bei Hochwasser wird es sogar im Wettlauf mit dem Wasserstand aufgestockt. Eine Rampe erleichtert das Besteigen der Nestinsel. Die Jungen verlassen meist am zweiten Tag das Nest und folgen ihren Eltern, sie ruhen sich aber anfangs noch häufig auf dem Nest oder auf angeschwemmten Materialien von ihren Ausflügen aus. Dabei können sie ihre krallenbewehrten »Daumen« geschickt als Kletterhilfe benützen.

Der Ernst des Lebens beginnt für die Teichhuhnküken früh

Das Teichhuhn ist nahe mit dem Bläßhuhn verwandt, aber etwas kleiner und hat eine hochrote, weiße Stirn. Die flüggen Jungvögel sind unscheinbar grau mit weißen Schwanzseiten. Niemand weiß, warum das Teichhuhn sich so gut an die vom Menschen gestaltete Landschaft anpaßt: es fliegt schlecht, schwimmt schlecht, taucht schlecht und kann auch nicht besonders gut laufen und klettern. Trotzdem lebt es überall an Altwässern, im Schilfgürtel von Teichen bis in die Parkanlagen der Großstädte und sogar an kleinsten Wiesenbächen. Den Sommer verbringt es gepaart und brütet zweimal in sogenannten Schachtelbruten: Während die Henne auf dem zweiten Gelege sitzt, führt der Hahn die noch längst nicht selbständigen Jungen. Wenn dann die zweiten Jungen schlüpfen, sind die ersten alt genug, um ihren jüngeren Geschwistern die Nahrung zu reichen und sie auch überall zu bemuttern. War die erste Brut kopfstärker als die zweite, so bemühen sich nicht selten zwei Junghühnchen um eines der schwarzroten Küken. Das Nest steht meist als Blätterhaufen im Wasser und wird mit steigendem Wasserspiegel aufgestockt; wo aber ein gangbarer Klettersteig in dic Höhe führt, kann es auch einige Meter hoch in Büschen stehen. Obwohl die Teichhühner schlecht und flatterig fliegen, ziehen zum Winter doch die meisten bis über die Alpen.

In mondhellen Nächten werden seine »Kulleraugen« am größten

Die Regenpfeifer sind kurzschnäblige, aber langbeinige Strandvögel mit großen Augen. Ihr Gang ist charakteristisch: Nach einer Folge rascher Trippelschritte bleiben sie für einige Sekunden wie angewurzelt stehen. Der Flußregenpfeifer ist im Sommer von seinen Verwandten am einfachsten durch den schwarzen Schnabel zu unterscheiden. Im Herbst, wenn Jung- und Altvögel der nordischen Arten bei uns durchziehen, kann die Bestimmung allerdings schwieriger werden. Der Flußregenpfeifer brütet als einziger seiner engeren Verwandtschaft an den Süßgewässern in ganz Mitteleuropa. Sein angestammter Lebensraum sind die Kiesinseln, die die Wildflüsse nach den Frühjahrshochwässern zurücklassen. Nach der Begradigung solcher Flüsse und dem Anwachsen des Badebetriebs hat er in Kiesgruben eine neue Heimat gefunden, eine sehr vergängliche allerdings, denn sobald die Kiesgrube stillgelegt und »rekultiviert« wird, muß er auch hier wieder weichen. Er ist ein drollig wirkender Vogel: Erst steht er lange still oder macht eigenartige Verbeugungen, dann rennt er los wie ein rollender Federball. Wohlklingend ertönen seine Rufe. Auffallend groß sind seine schwarzen »Kulleraugen«, die an Nachttiere erinnern. In der Tat ist der Flußregenpfeifer in der Dämmerung besonders rege und ruht in mondhellen Nächten weniger als in heißen Mittagsstunden. Das Männchen balzt mit einem melodischen Trillerruf. Gegen Artgenossen droht es mit einer tiefen Verbeugung, wobei es den schwarzweißen Schwanz senkrecht aufstellt und zu einem Rad entfaltet. Alle Regenpfeifer legen meist vier Eier, und beide Eltern brüten mit häufiger Ablösung, die meist ohne große Formalitäten abläuft. Die kleinen Vögel können die recht großen Eier, die zusammen fast soviel wiegen wie der Altvogel, auf dem nackten Erdboden kaum erwärmen. So kommt es, daß die Brutzeit in Kaltwetterperioden bis zu einer Woche länger dauern kann als bei warmer Witterung. Die Küken schlüpfen etwa gleichzeitig, nachdem sie sich schon seit Tagen mit Pieptönen aus dem Ei gemeldet und über den Schlüpftermin geeinigt haben. Bei der Geburt wiegen sie fünf Gramm. Die überaus niedlichen Vogelkinder können schon nach Stunden hurtig rennen. Sie picken bald nach Nahrung und lernen rasch, was genießbar ist und was nicht.

Wie lebende Pfeile schießen die »fliegenden Edelsteine« ins Wasser

Meist bemerkt man den farbenprächtigen Vogel nur dann, wenn er mit Schnurrflug und hellen Pfiffen niedrig über das Wasser hinschwirrt. Sonst ist er eher scheu. Bei der Jagd lauert er auf ganz bestimmten Warten und stürzt sich als lebender Pfeil in das Wasser. Manchmal setzt er auch aus dem Rüttelflug zum Stoß an. Der erbeutete Fisch wird auf einer Unterlage erschlagen und mit dem Kopf voran verschlungen. Der Eisvogel gräbt sich in Sand-, Löß- oder Torfwände eine meterlange Brutröhre. Zu Anfang pikken die Vögel im Rüttelflug Erdteilchen aus der Wand, später hacken sie mit dem Schnabel und scharren mit den Füßen. Die Partner lösen sich beim Graben alle paar Minuten ab. Seine Eier legt der Eisvogel erst, wenn schon die neue Fischbrut da ist. Im Brutkessel herrscht dann »Karussellbetrieb«: Die Jungen rücken nach der Fütterung reihum weiter, so daß jeder einmal vor dem Eingang sitzt und den Fisch bekommt. Die Eltern verfüttern anfangs Fischchen von Zentimeterlänge, gegen Ende der Brut aber größere bis zu acht Zentimeter Länge. Kurz vor dem Ausfliegen verbraucht die Familie etwa 150 Fischchen pro Tag. Nach jeder Fütterung baden sich die Altvögel durch Sturztauchen. Im Kessel entsteht mit der Zeit eine Nestunterlage aus Gräten und Fischschuppen, die die Vögel als Gewölle ausspeien.

Das Geheimnis der Vermehrung der Möwen heißt Nachgelege

Die Möwen sind langflügelige, kräftige Strandvögel mit wuchtigem, ausdauerndem Ruderflug. Es gibt zahlreiche schwarzköpfige Arten, von denen aber nur die Lachmöwe im Binnenland vorkommt. Im Winter gehört sie zu den auffälligsten Gästen in der Großstadt, wo sie sich gerne füttern läßt und die zugeworfenen Brotkrusten aus der Luft fängt. Möwen und Meer gehören für die meisten Menschen zusammen, aber die Lachmöwe brütet in großen Kolonien überwiegend im Binnenland, und zwar an sumpfigen Seeufern. Die begehrtesten Nistplätze liegen dabei auf von Wasser umgebenen Seggenbülten. Die meisten Kolonien werden seit Jahren immer größer. Auch ein Absammeln der Eier schadet nicht, denn die Möwen sind auf Hochwasser und Flugsandkatastrophen eingerichtet: Sie helfen sich mit einem Nachgelege. Die Jungen sind nach körperlicher und geistiger Reife Nestflüchterküken, aber die Eltern tragen ihnen das Futter zu. So verbringen sie die ersten Tage im Nest und entfernen sich dann nur zögernd. Erst mit etwa einer Woche gehen sie freiwillig ins Wasser und flüchten bei Gefahr ins Schilf. Mit sechs Wochen fliegen sie aus. Wenn im Winter die Lachmöwen in Groß städten mit offenen Wasserflächen auftauchen, tragen sie nicht die schwarze Gesichtsmaske, sondern nur einen dunklen Ohrfleck.

Die Letzten ihrer Art kämpfen ums Überleben

Biber und Fischotter sind die gefährdetsten Säuger unserer Heimat. Einst wurden sie ihres Felles wegen gejagt. Nur wenige überlebten. Die Begradigung der Flüsse und die Zementierung vieler Ufer zerstörten ihr Lebensrevier. Nun versucht man, sie in Schutzzonen doch noch vor dem Aussterben zu retten

Sie waren schon fast ausgerottet, ihre Wiederansiedlung ist schwer

Biber zählen zu den größten Nagetieren. Ihre Familie umfaßt nur zwei Arten, den Kanada- und den Eurasienbiber. Ersterer ist in Nordamerika von Alaska bis Nordmexiko, letzterer in Europa, Klein-, Vorder-, Mittel- und Ostasien bis zur Mongolei verbreitet. Im dichtbesiedelten Europa hat sich der Biber nur am Rhône-Unterlauf in Frankreich und am Mittellauf der Elbe bei Magdeburg gehalten. In Simbach am Inn in Bayern wurde er erfolgreich wieder angesiedelt. Zur Dezimierung des Bibers trug nicht nur sein wertvolles Fell bei, sondern auch die schuppenmusterartige nackte Haut seines breiten, flachen Schwanzes (Biberkelle). Die eigenartige Form und sein Leben im Wasser führten im Mittelalter dazu, daß der Biber kirchlicherseits zum Fisch erklärt wurde, damit sein Fleisch in der Fastenzeit als Fischfleisch gegessen werden durfte. An ruhigen Gewässern haust er in Familien, die sich als Unterkünfte gepolsterte Wohnhöhlen im Erdreich der Ufer ausgraben oder sich am oder im flachen Wasser Burgen aus Ästen, Zweigen und Schlamm bauen. Die Biber als Wasserbauer sind Landschafts- und Klimagestalter ersten Ranges. Ihre Ausrottung hat – besonders in Nordamerika – ganze Landstriche veröden lassen. Der in Dämmerung und Nacht tätige Biber frißt Sumpf- und Wasserpflanzen, Blätter, Zweige und Rinde von Weichhölzern. Als Wintervorrat legt er Haufen von Ästen nahe seiner Burg am Wassergrunde an, die er unter der Eisdecke erreichen kann.

Bisam bedeutet Moschus, und Bisamratten riechen nach Moschus

Im Frühjahr 1905 brachte Fürst Colloredo-Mansfeld von einer Jagdreise nach Alaska drei Bisamrattenpärchen mit und setzte sie auf seiner Besitzung Dobrisch, rund 40 Kilometer südwestlich von Prag, an zwei Teichen aus. Von dort führt der Bach Kozoba zum Mittellauf der Moldau, und so stand den Tieren der Weg in die Freiheit offen. Davon machten sie auch rege Gebrauch und besiedelten in wenigen Jahrzehnten ganz Mitteleuropa. In England, Finnland und der Sowjetunion wurden sie als wertvoller Pelzlieferant ausgesetzt, in England wegen ihrer Wühltätigkeit wieder ausgerottet. Ihr neues euroasiatisches Wohngebiet hat eine noch größere Ausdehnung als ihr altes: wahrhaftig ein Musterbeispiel für die weitreichenden Folgen einer Faunenverfälschung. Die zu den Wühlern gehörende kaninchengroße, mit nacktem, seitlich zusammengedrücktem Schwanz versehene Bisamratte hat ihren Namen nach den Geschlechtsanhangdrüsen der Männchen, die ein Sekret mit starkem Moschusgeruch absondern (Bisam: semitisch-hebräisch-mittellateinisch = Moschus). Bisamratten leben in Sümpfen und an ruhigen Gewässern mit viel Wasser-, Sumpf- und Uferpflanzen.

Ihre Baue unter der Erde haben Nestkammern und Vorratskammern

Die Scher- oder Mollmaus, auch Wasserratte genannt, gehört zu den Wühlmäusen. Ihre gedrungene Gestalt von der Größe einer jungen Wanderratte mit kleinen Augen und Ohren und nur halb körperlangem Schwanz kennzeichnet sie eindeutig als Wühler. Die Fellfarbe schwankt oberseits zwischen gelbbraun und braunschwarz bis schwarz, unterseits von weiß- bis dunkelgrau. Ihre Verbreitung reicht von Iberien durch fast ganz Europa bis Sibirien, Kleinasien, Palästina und Iran. Sie lebt in Gärten, Obstplantagen, Äkkern, Wiesen und Weiden, auch an dichtbewachsenen Ufern träger Gewässer oder Sümpfe. Dort wühlt sie sich ein weitverzweigtes System unterirdischer Gänge, die manchmal deutlich sichtbar unter der Oberfläche verlaufen, aber auch tief oder als Galerien in Uferrändern angelegt sein können. Die Gänge führen zu Nestkammern, die oft unter flachen Erdhaufen liegen, und zu Vorratskammern. Die Schermaus schwimmt und taucht gut. Als Einzelgänger verteidigt sie ihr Gangsystem gegen Artgenossen, wobei Abwehrkämpfe unter lautem Gezeter stattfinden. Ihre Stimme gleicht einem scharfen Quieken, ihr Drohen einem Zähnewetzen. Sie frißt Gräser, Kräuter, Gartenpflanzen, Feldfrüchte, Strauch- und Baumwurzeln und kann besonders durch Abnagen der Wurzeln großen Schaden in Obstgärten, Strauchkulturen und Baumschulen anrichten. Das Weibchen wirft nach drei Wochen Tragzeit drei- bis viermal im Jahr je zwei bis sechs, manchmal bis zwölf nackte, blinde Junge. Nach acht bis zehn Tagen öffnen sie die Augen, mit zwölf Tagen sind sie entwöhnt, mit zweieinhalb Wochen selbständig, mit zweieinhalb Monaten geschlechtsreif.

Bei uns leben nur noch ungefähr 200 Fischotter, nur selten sieht man sie

Den Otter nennt man auch Wassermarder, gehört er doch zur Familie der Marder. Er ist hochgradig ans Leben im Wasser angepaßt. Wegen seines wertvollen Felles wurde er von den Jägern eifrig bejagt und von den Berufs- und Sportfischern seiner Fischfresserei wegen hartnäckig verfolgt. Begradigung, Verbauung und Verschmutzung der Gewässer taten ein übriges, ihm die Lebensmöglichkeiten zu rauben. So ist er bei uns sogar schon ein Naturdenkmal, von dem vielleicht im ganzen noch 200 leben. Erfreulicherweise kommt er in Nord- und Osteuropa sowie Asien noch häufiger vor. Sein Lebensraum sind dicht bewachsene Ränder fischreicher Gewässer. Dort hat er seine versteckten Ruhe- und Schlafplätze, letztere in Form von Uferhöhlen oder hohlen Weiden. Der vorwiegend in Dämmerung und Nacht tätige, einzelgängerische Otter streift lange Gewässerstrecken auf der Suche nach Nahrung ab, wandert auch weit über Land und hoch über Bergpässe von einem Gewässer zum anderen, schwimmt und taucht ausgezeichnet und kann notfalls auch klettern.

Unscheinbar die einen, schillernd die anderen

Wunder über Wunder offenbart die Welt der Wasserinsekten dem, der geduldig beobachten kann: Scharen von Wasserläufern huschen blitzschnell über die Wellen, kaum daß man ihnen mit dem Ruderboot folgen kann. Metallisch schillernde Libellen gaukeln fast durchsichtig und gläsern zerbrechlich über ihrem Revier

Ihr Revier ist zwar das Wasser, aber den Regen scheuen sie

Die Wasser- oder Schlittschuhläufer sind Bewohner der offenen Wasserfläche, wo sie mit mächtigen Schlägen ihrer Ruderbeine so rasch dahinschießen können, daß man sie mit dem Ruderboot nur nach ermüdender Hetze einholen kann. Zudem können sie bis zehn Zentimeter hoch von der Wasserfläche aus in die Luft springen. Wasserläufer gehören zu den Wanzen und haben wie alle Wanzen einen Saugrüssel, mit dem sie andere Insekten aussaugen, die auf die Wasseroberfläche gefallen sind und sich nicht mehr befreien können. Mit ihrem ersten Beinpaar ertasten und orten die Wasserläufer die geringen Erschütterungen der Wasseroberfläche, die von den Befreiungsversuchen der in Seenot geratenen Insekten ausgehen. Die Wasserläufer können auch fliegen. Eigenartigerweise haben sie eine Scheu vor Regen und flüchten schon bei den ersten Tropfen ans schützende Ufer. Sie überwintern als erwachsene Tiere in der Vegetation in Wassernähe und erscheinen schon kurz nach der Schneeschmelze wieder auf ihren Wohngewässern. Im März beginnt ihre Paarungszeit, in der die Weibchen ihre kleineren Männchen stundenlang und mühelos auf dem Rücken tragen. Wasserläufer sind gesellige Tiere und saugen mitunter friedlich vereint an einer größeren Beute. Trotzdem gibt es in einer Herde von Wasserläufern ständig Streit, wobei einer den anderen anspringt und dieser sich dann mit den drolligsten Hopsern zu befreien sucht.

Sie sehen so zerbrechlich aus und sind dennoch Raubtiere

Von den etwa 80 mitteleuropäischen Libellenarten zeigen wir die Große Pechlibelle (oben) und die Gebänderte Prachtlibelle (unten links). Die Große Pechlibelle gehört zur Gattung der sogenannten Schlankjungfern. Ihr Hinterleib ist oberseits pechschwarz mit einem himmelblauen »Schlußlicht«. Sie fliegt mit besonderer Vorliebe an krautreichen, stehenden Gewässern. Meist ruhen die zarten Tiere an Halme geklammert mit schräg getragenem Hinterleib. Trotz ihrer Gebrechlichkeit sind sie Raubtiere, die vor allem Mükken und andere zarte Insekten fliegend von den Uferpflanzen ablesen. In den wärmsten Stunden des Tages sieht man sie in Paarung, wobei das Männchen sein Weibchen mit einer Zange seines Hinterleibsendes am Nacken packt. Die Gebänderte Prachtlibelle ist an langsam fließenden und mit Schilf bestandenen Bächen und Flüssen zu Hause. Dort sieht man die schönen Tiere in hüpfendem Flug niedrig über das Wasser streichen. Ihre Flugzeit währt von Ende Mai bis in den September. Das einzelne Individuum lebt aber nur wenige Wochen. Unser Bild zeigt ein Männchen mit dem unverwechselbaren Flügelband. Die unscheinbareren Weibchen sind einfarbig bronzebraun mit leichtem Metallschimmer.

Ihre Vorfahren lebten schon vor 300 Millionen Jahren

Ein wenig Schauder und Angst mischen sich in das Staunen, mit dem man diese seltsame Welt der Molche, Unken und Frösche betrachtet. Bei ihnen haben urzeitliche Formen viele Jahrmillionen bis zum heutigen Tag überdauert. Ihr Doppelleben zu Wasser und an Land ist faszinierend

Zur Balzzeit wächst dem Männchen ein wild gezackter Rückenkamm

Der Kammolch, der größte einheimische Molch, kann bis 17 Zentimeter lang werden. Schon das unterscheidet ihn von seinen Verwandten wie dem blau-schwarzen Bergmolch, der nur zwölf Zentimeter lang wird und zur Paarungszeit mit himmelblauen Flanken und einem orangeroten Bauch prangt. Der Kammolch kann nicht mit ähnlich bunten Farben aufwarten, dafür aber wächst dem Männchen zur Balzzeit im April ein wild gezackter, hoher Rückenkamm. Den Sommer verbringen die Kammolche als unscheinbare Erdbewohner unter Falllaub, in feuchten Schluchten, unter gestürzten Baumstämmen und hohlliegenden Steinen. Bei Nacht kommen sie hervor und jagen auf Würmer, Schnecken und anderes langsames Getier. Im Herbst graben sie sich tief in den Boden und überwintern halb erstarrt und ohne Nahrung aufzunehmen in ihrem frostsicheren Versteck. Etwa im April wandern sie dann in einen Weiher oder Teich und legen das Hochzeitskleid mit kräftigeren Farben an. Dem Männchen wächst der Kamm. In den folgenden Wochen kann man die Molche bei ihrer ritterlichen Balz beobachten: Das Männchen präsentiert sich dem Weibchen mit der Breitseite, die alle seine Pracht zur Geltung bringt, und fächelt ihm mit wallendem Schwanz verlockende Düfte zu. Die Weibchen kleben nach der Paarung ihre Eier einzeln zwischen Wasserpflanzen. Bei dieser Tätigkeit zeigt sie unser Foto.

Ein giftiges Sekret aus Hautdrüsen schützt sie vor Feinden

In Mitteleuropa leben zwei Unkenarten, die Gelbbauchunke und die Rotbauchunke. Die Unterscheidung beider ist nicht so einfach, wie der Name vermuten läßt, da beide auch mit gelbroten Bauch vorkommen. Die Gelbbauchunke ist oberseits je nach Färbung der Umgebung lehmgrau bis dunkelbraun und einfarbig, die Rotbauchunke schwach olivgrün und gefleckt. Außerdem sind beide Arten scharf durch ihren Lebensraum getrennt: Die Gelbbauchunke bevorzugt das Bergland und lebt in Kleinstgewässern wie Pfützen, Fahrrinnen, Wassergräben. Die Rotbauchunke ist ein Tier der Niederungen und liebt verschilfte Seen und Weiher. Kaum je begegnen sich beide Arten. Die Unken sind wie alle Lurche mit Hautdrüsen ausgestattet, die bei Reizung ein milchiges, giftiges Sekret ausscheiden. Es erzeugt auf Schleimhäuten wie den Lippen und in den Augen einen langanhaltenden, brennenden Schmerz. Darum haben die Unken kaum Feinde. Werden sie doch einmal angegriffen, so nehmen sie überraschend eine spezielle Drohstellung ein – unser Foto –, bei der sie die grellen Warnfarben ihrer Unterseite zur Geltung bringen. Die Unken sind wie alle Lurche Raubtiere, sie stürzen sich auf alles, was sie bewältigen können, stopfen es mit ihren Händen in das weit gespaltene Maul und drücken mit nach innen versenkbaren Augen nach.

Im April geben die Männchen ihre berühmten »Quakkonzerte«

In Europa leben drei Arten von grünen Fröschen; alle sind eng an das Wasser gebunden. In Spanien gibt es den kleinen Grünfrosch, in Osteuropa den Seefrosch und in Mitteleuropa den Wasserfrosch. Alle diese Frösche sind untereinander fruchtbar, so daß eine klare Abtrennung oft nicht möglich ist. Offenbar haben die Arten sich während der Eiszeit aufgespalten, als zwischen Südwest- und Südosteuropa eine für Frösche unüberschreitbare Klimabarriere lag. Immerhin ist soviel sicher: Ein mehr als zwölf Zentimeter langer europäischer Frosch ist immer ein Seefrosch. In der Lebensweise unterscheiden sich die grünen Frösche nicht. Sie überwintern im Wasser, selten auch im ufernahen Boden. Man kann bei ihnen nicht von einem Winterschlaf reden, vielmehr von einem Zustand träger Schläfrigkeit, in dem sie aber immer noch die Flucht ergreifen können. Bei Temperaturen merklich unter null Grad gefrieren ihre Körpersäfte, und es gibt kein Erwachen mehr. Darum kann sich der Wasserfrosch nur in solchen Gewässern halten, die nicht bis auf den Grund zufrieren. Etwa im April werden die Frösche wieder munter, die Männchen beginnen ihre berühmten Quakkonzerte, die sie bis in den Spätsommer hinein abhalten. Beim Quaken öffnet der Frosch nicht den Mund, sondern er preßt beiderseits vom Mundwinkel erbsengroße Schallblasen hervor. In früheren Zeiten, als es noch Dorfteiche mit reichen Froschbeständen gab, wurden die nächtlichen Froschkonzerte oft sehr lästig. Wasserfrösche sind sehr gefräßig und wagen sich an alles heran, was sie zu bewältigen hoffen. So wurde einmal ein Wasserfrosch gefunden, der an einer halb verschlungenen Bachstelze erstickt war. Sie erbeuten gelegentlich auch Jungfische und werden darum von manchen Sportfischern und Teichwirten, die nichts mehr schmerzt als der Verlust eines Fisches, heftig verfolgt. Tatsächlich aber erbeuten sie in großer Zahl Wasserinsekten, die ihrerseits der Fischbrut schädlich werden können. Außerdem ist der Wasserfrosch, wo immer sich Gelegenheit bietet, ein gefräßiger Kannibale.

SÜMPFE, FEUCHTWIESEN, SCHILF

Durch diese selten gewordenen Landschaften führen keine Straßen, manchmal nicht einmal Pfade. Für den Menschen haben sie etwas Unheimliches an sich. Schauergeschichten werden erzählt, die sich in Sümpfen zugetragen haben sollen. In den Mooren hausen vielleicht noch einige Torfstecher, ein Beruf, den es bald nicht mehr geben wird. Viele Menschen kennen keinen Unterschied zwischen Sumpf und Moor. Aber diese beiden Lebensräume sind so verschieden wie eine Grasflur und ein Wald. Ein Süßwassersumpf läßt sich tatsächlich mit einer feuchten Graslandschaft vergleichen, ein Moorgebiet mit einem feuchten Wald. Im Sumpfgelände herrschen Gräser vor, im Moorgebiet Bäume. Überall, wo sich heute diese schwermütigen Moore und Sümpfe ausbreiten, glitzerten einst, vor 1000 oder 10000 Jahren, die grüngerandeten Spiegel großer Seen. Diese Seen verlandeten nach und nach, das offene Wasser ging allmählich in Sumpf über, der dann zum Moor wurde. Wo Seen verlanden, bildet sich auch mehr und mehr Schilf, oft undurchdringlich wie ein Urwald. Hier liegen die Paradiese für Vögel, die selten nur des Menschen Auge erblickt: Zwergrohrdommel, Teichrohrsänger und Rohrammer. Auf den Feuchtwiesen sucht der Weißstorch nach Schnecken und Fröschen. Und im Sumpfschlamm geht die Bekassine auf Beutejagd. Einst war sie ein Allerweltsvogel, heute zählt sie zu den vom Aussterben bedrohten Vogelarten. Ähnlich groß ist diese Gefahr für den Brachvogel, dessen Bestand man auf etwa 2000 Paare schätzt. Feuchtwiesen und Sümpfe sind auch die letzten Paradiese für den Laubfrosch und die harmlose Ringelnatter.

Wildnis für Menschen, Heimat für Vögel

In dieser Urlandschaft von Moor, Schilf und Sumpf leben Reiher, die nur die Größe von Amseln haben und für den Menschen fast unsichtbar sind. Weißstörche schreiten über Feuchtwiesen, in denen sie – noch – reiche Nahrung finden. Die Bekassine haben noch den Mut, in Spiralen hoch in die Lüfte zu steigen

Oft kann man sie von einem Schilfhalm kaum unterscheiden

Die Zwergdommel ist mit etwa Amselgröße unser kleinster Reiher. Man sieht wenig von ihr, weil sie sich meist im dichten Schilf verborgen hält. Dabei genügen ihr schon kleine Altwässer und verschilfte Kiesgruben als Lebensraum. Man sieht sie allenfalls einmal wie eine Taube fliegend am Schilfsaum entlangstreichen. In den letzten Jahren ist sie selten geworden, weil überall die Kleingewässer von Sportfischervereinen in Pflege genommen werden. Ihr Nest baut die Zwergdommel meist kniehoch über dem Wasser in das Altschilf. Es besteht, wo die Baustoffe zu beschaffen sind, aus einem Bündel zu einem Trichter zusammengesteckter Zweige. Anfang Juni liegen die weißen Eier in ihm. Die Zwergdommel ist Kletterer im Schilf und mußte wohl so klein werden, um in diesen Lebensraum eindringen zu können. Sie ist aber immer noch zu schwer, um sich an einem Schilfhalm halten zu können. So greift sie beim bedächtigen Klettern im Schilf mit ihren langen Zehen meist mehrere Schilfhalme zugleich. An die Halme geklammert, stößt sie mit ihrem langen, lanzenspitzen Schnabel nach schwimmenden Wassertieren, vor allem fingerlangen Fischchen und großen Insektenlarven.

Beim Nestbau beweisen Teichrohrsänger eine erstaunliche Technik

Man glaubt, daß die Rohrsänger von grasmückenartigen Vögeln abstammen, die in den einladenden, an Insektenfutter reichen und an Feinden armen Lebensraum »Schilf« eingewandert sind. Dazu mußten sie eine an die senkrechten Halme angepaßte Springtechnik entwickeln, vor allem aber eine Nestbauweise, die auch ohne Unterlage auskommt. Die Teichrohrsänger haben diese Technik in der Tat gelernt: Sie umwinden die Schilfstengel mit Spinnengewebe, filzen Halme hinein und flechten dann einen Korb, der von einigen Schilfstengeln getragen und beim Wachsen mit in die Höhe genommen wird.

Ein »Storchengericht« fällt das Todesurteil gegen schwache Junge

Jahrhundertelang war der Storch in Europa Kulturfolger: Sein Horst lag auf einem Wagenrad, das der Bauer für ihn auf das Hausdach montiert hatte. Alt und jung schauten dankbar zum Himmel, wenn an einem schönen Märztag der Heimgekehrte wieder auf dem Nest stand und mit dem Schnabel klapperte. Im übrigen aber sind Störche stumm. Unsere moderne Landwirtschaft ist wenig storchenfreundlich. Trockenlegen von Naßwiesen, Spritzbrühen am Boden und Drähte in der Luft vernichten ein Storchenpaar nach dem anderen. Der Südeuropäer schätzt dazu den Storch von altersher als begehrten Braten. Kaum ein Vogel ist bekannter als der Weißstorch. So kennt man seit jeher das »Storchengericht«, bei dem die Störche ihre schwächlichen Jungvögel töten. Schon lange haben sogenannte »Pfeilstörche« den Menschen Kenntnisse über ihre Wanderungen gegeben. Sie brachten in ihrem Körper Pfeile von Buschmännern mit, als in Europa längst mit Pulver und Blei gejagt wurde. Heute weiß man, daß die osteuropäischen Störche über den Bosporus ins Nildelta ziehen. Die Weststörche aber überfliegen die Meerenge von Gibraltar und wagen sich 2000 Kilometer weit über die wasserlose Wüste Sahara.

Ein ungewöhnliches Lebensrevier für eine Ammer: Schilfwald

Während die Rohrammerweibchen unscheinbar gefärbt sind, kann man die Männchen leicht an ihrem schwarzen Kopf erkennen. Nur im hohen Norden kann man sie mit der Spornammer verwechseln, die im Sommer ebenfalls ein schwarzes Gesicht, dazu aber noch einen rostroten Nacken hat. Die Ammern sind eigentlich Vögel der Feldflur mit eingestreuten Büschen. Die Rohrammer macht da eine Ausnahme, denn sie drang in einen ganz anderen Lebensraum ein, in die Schilfwälder. Dort turnt sie geschickt an den senkrecht stehenden Halmen, wenn auch längst nicht so artistisch wie der Rohrsänger. Körperliche Merkmale lassen die Anpassung an den neuen Lebensraum nicht erkennen, man kann sich aber vorstellen, daß eine Rohrammer sich irgendwo unwohl fühlt, so lange sie sich nicht in ihrem richtigen Lebensraum mit Schilfrauschen, Wasserspiegelungen, Morgennebel und den Stimmen der Sumpfvögel aufhält. Im Frühjahr läßt das Männchen täglich vielhundertmal seinen Schlag hören, der aus vier hingestammelten Tönen besteht. Dabei wiegt es sich meist auf der Spitze eines Schilfhalms im Winde.

Zur Balzzeit zeigt das Männchen artistische Flugfiguren

Kein anderer Watvogel ihrer Größe hat einen so langen Schnabel wie die amselgroße Bekassine. Über Sumpfwiesen und Morästen, wo sie zu Hause ist, zeigt das Männchen vom März bis Anfang Juli seine spektakuläre Luftbalz: Erst steigt es in Spiralen so hoch in den Himmel, daß nur ein scharfes Auge ihm zu folgen vermag, dann stürzt es senkrecht in die Tiefe und zieht wie ein Kampfflugzeug wieder in die Höhe. Dabei erklingt für mehrere Sekunden ein eigenartiger Laut, der entfernt an das Meckern einer Ziege erinnert. Er entsteht durch ein Wummern der Schwanzfedern. Anschließend gewinnt die Bekassine die alte Höhe zurück und setzt zu einem neuen Sturzflug an. Nach spätestens einer halben Stunde fällt sie wie ein Stein aus der Höhe und gesellt sich zu ihrem Weibchen. Am Boden läßt die Bekassine im Vertrauen auf ihre Schutzfärbung den Menschen nahe heran. Dann aber fliegt sie mit einem Blitzstart auf und gewinnt im Zickzackflug sehr schnell an Höhe. In weiter Ferne zieht sie dann einen Kreisbogen und stürzt nahe beim Startpunkt wieder zur Erde zurück. Das Nest befindet sich meist dort, wo Wasser zwischen Seggenbülten steht. Es enthält immer vier Eier, die mit den Spitzen zur Mitte liegen. Nur das Weibchen brütet. In der Brutzeit setzt sich die Bekassine auch auf Bäume oder Telegrafenmasten, um nach Feinden Ausschau zu halten.

Noch ehe der Morgen dämmert, erhebt er seine Stimme

Er ist der größte Watvogel Europas. Früher hauste er in baumlosen, moorigen Niederungen. Als dann sein Lebensraum mit Baggern und Kunstdünger in Viehweiden umgewandelt wurde, schien er zum Aussterben verurteilt, aber er schaffte die Umstellung und überlebte. Heute aber werden die Viehweiden vielerorts in ertragreichere Äcker umgewandelt, und das Vieh bleibt im Stall. Dieser Umstellung ist der Brachvogel nicht mehr gewachsen, immer seltener hört man seinen melodischen Triller über dem frühlingsgrünen Land. Als erster Tagvogel, noch ehe der Morgen dämmert, erhebt er seine Stimme, und wenn die Sonne aufgegangen ist, steigt er zu einem eigenartigen Girlandenflug in den Himmel und umkreist sein Brutrevier. Für sein Weibchen zeigt er eine Bodenbalz, indem er es flügelschlagend zu Fuß umkreist. Beide Partner lösen sich beim Brüten ab. Naht eine Störung, so schleichen sie schon früh von den Eiern und fliegen erst in einiger Entfernung auf. Die Jungen kommen mit kurzem, geradem Schnabel aus dem Ei. Bis alle vier Jungen geschlüpft und reisefertig sind für die große Wanderung in der Sommerwiese, vergehen etwa 36 Stunden. Vier Wochen später sind sie selbständig und ziehen mit ihren Eltern zu günstigen Nahrungsquellen. Wenn es kalt wird, wandern sie in den Mittelmeerraum und noch weiter nach Süden.

Kriechtiere, die ein Doppelleben führen

Vor der Schlange, die gut schwimmt und lange tauchen kann, braucht niemand Angst zu haben. Es ist die harmlose Ringelnatter, die immer in Wassernähe lebt. Und der Laubfrosch geht in dieses Element, wenn die Zeit der Paarung für ihn kommt.

Laubfrösche sind keine Wetterpropheten, sondern Wetteranzeiger

Der Laubfrosch ist der einzige Vertreter einer artenreichen tropischen Verwandtschaft in Mitteleuropa. Meist ist er in ein heiteres Frühlingsgrün gekleidet, doch wenn es ihm schlecht geht, so kann er auch schokoladenbraun oder taubenblau werden, zum Beispiel, wenn er eine Beute zu verschlingen versucht, die zu groß für ihn ist. Er gilt als Wetterprophet, aber in Wirklichkeit ist er nur ein Wetteranzeiger. Bei starkem Wind, der seiner zarten Haut zu viel Wasser entziehen würde, verbirgt er sich am Boden unter Fallaub oder dergleichen, bei stiller, feuchter Luft steigt er aber in die Höhe, manchmal bis in die Baumwipfel. Hier lassen die Männchen an warmen Abenden ihre Stimme erschallen, die man bis auf einen Kilometer Entfernung vernimmt. Der Sänger lockt mit seiner Stimme paarungswillige Weibchen an, aber nicht selten begegnen die Weibchen auf ihrem Weg in Richtung auf den Sänger einem anderen, stummen Männchen, das den Sängern das Weibchen wegschnappt. Der Laubfrosch ist ein Baumfrosch. Seine Fingerspitzen sind zu Haftschalen verbreitert und, wie auch der Bauch, mit einem klebrigen Sekret befeuchtet. Mit ihm klebt sich der Laubfrosch einfach an Zweige und Blätter, wie es das Foto zeigt. Um die Austrocknung gering zu halten, legt er dabei Arme und Beine dicht an den Körper. Wie alle Lurche ist er ein Räuber, der sich von Insekten ernährt, die er im Sprung ergreift und dann hastig mit den Händen in das weite Maul stopft. Er springt leicht einen halben Meter weit, obwohl seine Beine spinnendürr sind.

Ringelnattern erkennt man an ihrer gelben »Krone« am Nacken

Wer an einem warmen Märztag die Weinberge rund um den Neusiedler See besucht, erlebt ein eigenartiges Schauspiel: Aus den locker geschichteten Weinbergmauern winden sich Tausende von Schlangen von etwa einem Meter Länge hervor, um sich in der Frühlingssonne aufzuwärmen. Es sind Ringelnattern, die hier den Winter verschlafen haben und die nun aufbrechen, um in die Schilfwälder des Sees zurückzukehren, wo sie den Sommer über den Fröschen und Unken das Leben schwer machen. Sie ergreifen ihre Beute mit ihren nach hinten gerichteten »Häkelzähnen« und verschlingen sie unzerkaut und lebend. Dem Frosch bleibt als einzige Gegenwehr, sich aufzublasen, aber nur wenn ihm das vor dem Angriff der Schlange gelingt, ist er gerettet. Die Schlange kennt nämlich sehr wohl die Dehnbarkeit ihres Rachens und verschont ein mögliches Beutetier, wenn es ihr zu dick erscheint. So kann sie tagelang einen Frosch vor der Eiablage belauern. Sobald er abgelegt hat und mit eingefallenen Flanken dasitzt, greift sie an. Ringelnattern sind ungiftig und wehren sich nur ausnahmsweise mit Bissen, wenn man sie ergreift. Sie verteidigen sich, indem sie ihre Stinkdrüsen entleeren, die einen lang anhaltenden, intensiven Moschusgeruch verbreiten. Von allen anderen Schlangen sind sie leicht an ihrer gelben »Krone«, den Halbmondflecken am Nacken, zu unterscheiden. Rund um das Mittelmeer gibt es noch zahlreiche andere Rassen.

BERGWÄLDER UND MATTEN

Die bunten Postkartenbilder trügen: Bunte Bergwiesenblumen blühen nur wenige Wochen. Der Laubwald mit Rotbuchen, Eichen, Birken und Ebereschen, der bis in Höhen von 1300 Meter reicht, steht nur kurze Zeit in leuchtendem Grün. Bis zu einer Höhe von 1700 Meter beherrschen Fichten, Tannen und Lärchen die Landschaft. Dann dominiert bis 2300 Meter Höhe Krumm- und Zweigholz, durchsetzt von Wiesenmatten, der Sommerweide für das viel fotografierte „Alpenvieh“. Oberhalb dieser Gruppe beginnt die hochalpine Region mit kurzen und kalten Bergsommern und langen und sehr kalten Bergwintern. Genauer gesagt: In den Alpen kann es in Höhen über 1500 Meter jeden Tag schneien, selbst im Juli und August. Nur wenige Tierarten trotzen diesem harten Lebensraum. Die Gemse gehört dazu, die auf den kärglich mit Moosen und Flechten bewachsenen Felsgraten ihre Nahrung sucht, und der Steinbock, der nur zögernd in die tieferen Waldzonen geht. Schneehuhn und Schneehase graben sich durch den Schnee hindurch bis zu den Sträuchern. Die Schneemaus wühlt sich noch tiefer in den Boden, um die Wurzeln der Pflanzen zu benagen. Und das Murmeltier verschläft den oft sieben Monate langen Winter in seinen tief und frostsicher gegrabenen Erdbauen. Die meisten Hochgebirgsvögel können im Notfall in die Täler ausweichen. Doch viele bleiben auch im Winter ihren Bergwäldern treu. Die Tannenmeisen finden noch genügend Insekten, und die Meisen finden noch genügend Insekteneier, und die Sperlingskäuze genügend Tannenmeisen. Die wechselwarmen Tiere haben in der hochalpinen Region einen Vorteil vor den warmblütigen Arten: Sie brauchen ihren Körper nicht „aufzuheizen“ und sparen so viel Energie.

Im harten Kampf gegen die Mächte der Natur

Hoch über den Gipfeln kreist noch der Steinadler, der König der Lüfte. Auf unzugänglichen Felsvorsprüngen hat er seine Horste errichtet. Die seltenen Kolkraben zeigen sich als Flugartisten, wenn sie auf dem Rücken fliegen. Und das scheue Alpenschneehuhn läßt sich im Winter nicht selten völlig einschneien, um zu überleben

Alpenschneehühner leben in Höhen bis zu 2700 Meter

In der Eiszeit war das Alpenschneehuhn über das ganze damals von Tundra bedeckte Deutschland verbreitet; mit der Erwärmung wich es dann nach Norden und in die Alpen zurück. Heute lebt es in den Alpen von der Latschenzone bis zum ewigen Schnee, nur im Herbst steigt es zur Beerenernte auch tiefer. Selbst den Winter verbringen die Familien gemeinsam in 2000 bis 2700 m Höhe, wo sie an freigewehten Stellen noch Knospen picken oder sich auch Gänge in den Schnee graben. Der Flug des Schneehuhns ähnelt dem der Taube, sein Fluchtabstand liegt zumeist zwischen 50 und 80 Meter. Die Schneehenne vertraut ihrer Tarnfarbe und trotzt auf den Eiern auch großer Bedrohung.

Nach dem Ausschlüpfen der Jungen frißt das Weibchen die Eierschalen

Den Kolkraben kann man an seiner Größe, dem kräftigen Schnabel und dem keilförmigen Schwanz von der verbreiteteren Rabenkrähe unterscheiden, doch sind die Unterschiede im Gelände nicht sehr auffallend. Im Gegensatz zum Krächzen der Rabenkrähen klingt seine Stimme viel gedämpfter.
Der Kolkrabe ist vom Nordkap bis zur Sahara verbreitet. In nordischen Nächten legt sich sein Atem als Reif auf sein Gefieder, im Wüstensommer heizt die Sonne es an der Oberfläche bis in die Nähe des Siedepunktes auf. Im Februar zeigt der Rabe seine Balzflüge mit schönen Kreisen und »als Spezialität« mit Flugvorführungen in der Rückenlage. Wenig später bauen die lebenslang vereinten Partner gemeinsam an ihrem Horst, als sollte er Jahrhunderte überdauern. Sie stutzen Äste zurecht und rammen sie in den Unterbau. Die Nestmulde wird im Norden sehr warm ausgelegt. Während das Weibchen brütet, wird es vom Männchen auf dem Nest gefüttert. Die Mutter hilft den Jungen beim Schlüpfen und frißt anschließend die Eierschalen. Wenn die Jungen Durst haben, reichen die Eltern ihnen eingeweichtes Futter oder tränken sie aus dem Kehlsack mit herbeigeschafftem Wasser. Kolkraben sind anpassungsfähige Fleischfresser. Sie finden zielsicher das Aas und setzen sich hier sogar gegen den Bussard durch. Manchmal sollen sie auch neugeborene Lämmer töten. Der einzige Feind, der sie bedroht, ist der Uhu. Sie können über 100 Jahre alt werden. Von Menschen aufgezogene Kolkraben werden anhänglich.

Sein kühner Blick und seine Stärke machten ihn zu einem »Wappentier«

Der Wappenvogel mit dem kühnen Blick kommt in den Alpen noch verhältnismäßig oft vor. Der Steinadler hat gewisse Ähnlichkeiten mit einem Bussard, übertrifft ihn aber mit einer Flügelspannweite um zwei Meter beträchtlich. Auch seine Kampfkraft ist um ein Vielfaches größer. Er wagt sich an Beutetiere heran, die so schwer sind wie er selber oder noch schwerer. Sein Angriff erfolgt mit ungestümer Kraft. Flüchtende Beute verfolgt er fliegend, aber sie kann sich mit Hakenschlagen retten. Mit Vorliebe greift er Hasen, Murmeltiere, Lämmer und Zicklein. (In Norwegen ersetzt die Regierung diese Schäden, 1974 waren es rund 800000 DM.) Er tötet aber auch die im Schnee laufende Gemse. Aus alten Zeiten sind sogar Angriffe auf Kinder überliefert, und noch heute läßt kein Falkner seinen Beizadler fliegen, wenn Kinder in der Nähe sind. Seine einmal gefaßte Beute läßt der Adler nicht wieder los. Er schlägt ihr knetend seine langen Krallen in den Körper, solange sie sich bewegt. Von einem Falkner, der von seinem eigenen Adler angegriffen wurde, wird berichtet, daß er viele Stunden unbeweglich unter seinem Vogel liegenbleiben mußte, bis er gefunden und gerettet wurde. Der Horst liegt meistens tiefer als die Jagdgebiete, so daß der Adler mit seiner Beute im Fang nicht zu steigen braucht.

Artisten im Fels und Meister der Tarnung

Steinbock und Gemsen entziehen sich dem Blick des Menschen. Nur durch das Fernglas kann er staunend ihre Kletterkünste selbst im steilsten Fels und in senkrechten Wänden bewundern. Die Kolonien der Murmeltiere zeigen sich nur kurz im Sommer. Sieben Monate währt ihr Winterschlaf. Und den Schneehasen macht im Winter sein Tarnkleid fast unsichtbar

Der bekannte »Gamsbart« wächst auf dem Rücken der Gemse

Die Gemse ist ein Hornträger der europäischen Gebirge und der Gebirge Nordost-Kleinasiens und hat ihren nächsten Verwandten in der Schneeziege des nordamerikanischen Felsengebirges. Ihr eigentlicher Lebensraum sind die Gebirgslagen im Waldgürtelbereich, von wo aus sie im Sommer auf die Matten über die Baumgrenze aufsteigt. Sie klettert geschickt im Fels, springt und läuft ausgezeichnet. Beide Geschlechter tragen senkrecht stehende, am Ende hakig nach hinten gebogene Hörner, die Krucken oder Krickel, die besonders die Böcke in der Brunftzeit im November bis Dezember als Waffen in Nebenbuhlerkämpfen gebrauchen. Zu dieser Zeit tragen die Gemsen bereits ihr dichtes, schwarzbraunes bis schwarzes Winterfell, dessen besonders lange Haare entlang der Wirbelsäule als Bart bezeichnet und vom Jäger, wenn er einen Bock erlegt hat, sorgfältig ausgerupft und gebündelt als »Wachler« oder »Gamsbart« am Hut getragen werden. Das Sommerfell der Gemsen ist rotbraun. Im Mai setzen die Gemsen meist nur ein Kitz, manchmal auch zwei. Diese können sofort laufen und folgen schon nach wenigen Stunden der Mutter kletternd durch den Fels. Mütter und Kitze sammeln sich an geschützten Weideplätzen, wo die Kitze miteinander herumtollen (Kindergarten). Naht ein Steinadler, um ein Kitz zu schlagen, ertönt ein Warnpfiff, und die Geißen werfen sich zur Verteidigung der Jungen dem Feind entgegen. Gemsen können ein Höchstalter von etwa 20 Jahren erreichen. Der Bau vieler Bergbahnen und Lifte konnte die Gemsen in ihrem Bestand zwar noch nicht gefährden, zwang sie aber, in ungünstigere Reviere auszuweichen.

Die Hörner eines ausgewachsenen Steinbockes sind zehn Kilo schwer

Neben der Gemse bewohnt noch ein anderer Hornträger die Alpen: der Steinbock. Er gehört zur Gattung der Wildziegen. Beim Steinbock prägt sich der Geschlechtsunterschied in der Horngröße viel stärker aus als bei der Gemse. Der Bock trägt große Bogenhörner von über einem Meter Länge mit dicken Knotenwülsten an der Vorderkante, die Geiß nur ein Drittel so lange, schmächtige, schmale Säbelhörner, mit denen sie jedoch einen zudringlichen Bock sehr wirkungsvoll auf Abstand zu halten versteht. Lebensraum des Steinbockes sind die hohen Gebirgslagen oberhalb der Waldgrenze bis zum ewigen Schnee. Im Winter hält er sich an steilen und dadurch stellenweise schneefreien Südhängen mit von Gräsern, Kräutern, Moosen und Flechten bewachsenen Bändern auf, im Frühjahr steigt er in die wärmeren Tieflagen mit frischem Grün hinab. Vor der Kälte schützt ihn ein sehr dichtes Fell und eine Fettschicht unter der Haut. Der Steinbock ist ein noch gewandterer Felskletterer und -springer als die Gemse, der bei Gefahr mit nachtwandlerischer Sicherheit durch die Steilhänge saust. Der am Tage muntere Steinbock liebt die Geselligkeit, allerdings außerhalb der Brunftzeit im Januar nach Geschlechtern getrennt. Die älteren Böcke einerseits und die Geißen und Jungtiere andererseits bilden ihre eigenen Trupps oder Rudel. Die ein bis zwei Kitze werden im Juli gesetzt. Sie sind vollbehaart und können gleich laufen. Bereits nach wenigen Stunden sind sie trittsicher. Mit einem halben Jahr werden sie selbständig, sie können ein Alter von 12 bis 15 Jahren erreichen. Steinböcke genießen in fast allen Alpenländern ganzjährige Schonzeit.

Rund sieben Monate dauert der Winterschlaf der Murmeltiere

Unser Alpenmurmeltier bewohnt die Matten und Almen zwischen 800 und 2700 Metern Höhe. In den Hochlagen graben die Murmeltiere ihre Sommerbaue. Die tiefer in die Erde gehenden Winterbaue legen sie in den unteren Regionen an. Sie hausen familienweise in ihren Bauen, von denen meist mehrere eine Kolonie bilden. Tagsüber fressen sie die saftigen Kräuter und Gräser in der Umgebung ihrer Höhle oder liegen flach auf einem Stein, den wärmenden Sonnenstrahlen hingegeben. Mindestens ein älterer Artgenosse hält jedoch auf einem erhöhten Punkt Wacht. Bei Gefahr stößt der Wächter einen pfiffartigen Schrei aus und alle Mankies, wie die Tiere in den Alpen genannt werden, stürzen in die schützenden Baue. Die Winterbauschlafkammern werden dick mit Heu gepolstert und die Zugänge vor Schlafbeginn mit Gras und Erde verstopft.

Schneemäuse wagen sich in harten Wintern auch in Berghütten

Eine unserer Wühlmausarten ist wie Schneehase, Murmeltier und Steinbock ein ausgesprochener Hochgebirgsbewohner, nämlich die Schneemaus. In ihrem hellgrauen, leicht bräunlich überhauchten, sehr feinhaarigen und dichten Fell ist sie nicht nur gegen die harten Bedingungen ihres Lebensraumes gut geschützt, sondern auch besonders hübsch anzusehen. In den Alpen besiedelt sie meist die Region oberhalb der Baumgrenze, also die steindurchsetzten Matten und die Geröllhalden mit Latschen und Alpenrosen, die sie als Wohnplätze besonders bevorzugt. Sie benutzt als Unterschlupf Felsspalten und Gesteinsgänge, gräbt auch selber Gänge und schafft sich so ein Labyrinth mit Nest- und Vorratskammern. Die vorwiegend tags tätige Schneemaus liebt die Sonne, deren Wärme sie genießt. Bei schlechtem Wetter bleibt sie lieber in ihrem Gangsystem, und im Winter lebt sie dort monatelang munter unter dem Schnee oder zieht ohne Scheu in eine Berghütte. Gräser, Kräuter, Knospen und Wurzeln machen ihren Speisezettel aus, den sie nebenher mit Kerbtieren bereichert.

Schneehasen lassen sich manchmal völlig einschneien

Der Schneehase ist eine eigene Hasenart, die bei uns nur in den Alpen vorkommt. Dort lebt er in den höheren Regionen oberhalb 800 Meter und begegnet auch dem Feldhasen, der aus dem Tiefland heraufkommt und bis 2000 Meter Höhe anzutreffen ist. Im Winter trägt der Schneehase ein weißes Fell, nur die Ohrspitzen bleiben schwarz; der Feldhase dagegen ist auch im Winter braun. Die dicken Haarpolster an den Sohlen gestatten dem Schneehasen ein gutes Laufen auf dem Schnee. Sein weißes Fell tarnt ihn vorzüglich, zumal, wenn er regungslos in seiner Sasse sitzt. Er läßt sich auch ganz einschneien. Im Sommer lebt er im baumlosen, steinigen Krummholzgürtel, im Winter im oberen Bereich des Waldes. Seine Sommernahrung bilden Gräser, Kräuter, Beeren, Pilze, Blätter, Knospen und Rinde der Stauden und Büsche des Krummholzgebietes, im Winter frißt er die Rinde junger Bäume und, wenn die Gelegenheit sich bietet, das Heu der Schober in den oberen Berglagen. Seine Haupttätigkeitszeiten liegen in der Abend- und Morgendämmerung. Die einzelgängerischen Schneehasen paaren sich im März. Die Häsin setzt nach etwa 50 Tagen Tragzeit meist zwei bis drei vollbehaarte, sehende, lauffähige Junge, die mit drei Wochen selbständig werden.

Trittsiegel, Fährten und Spuren

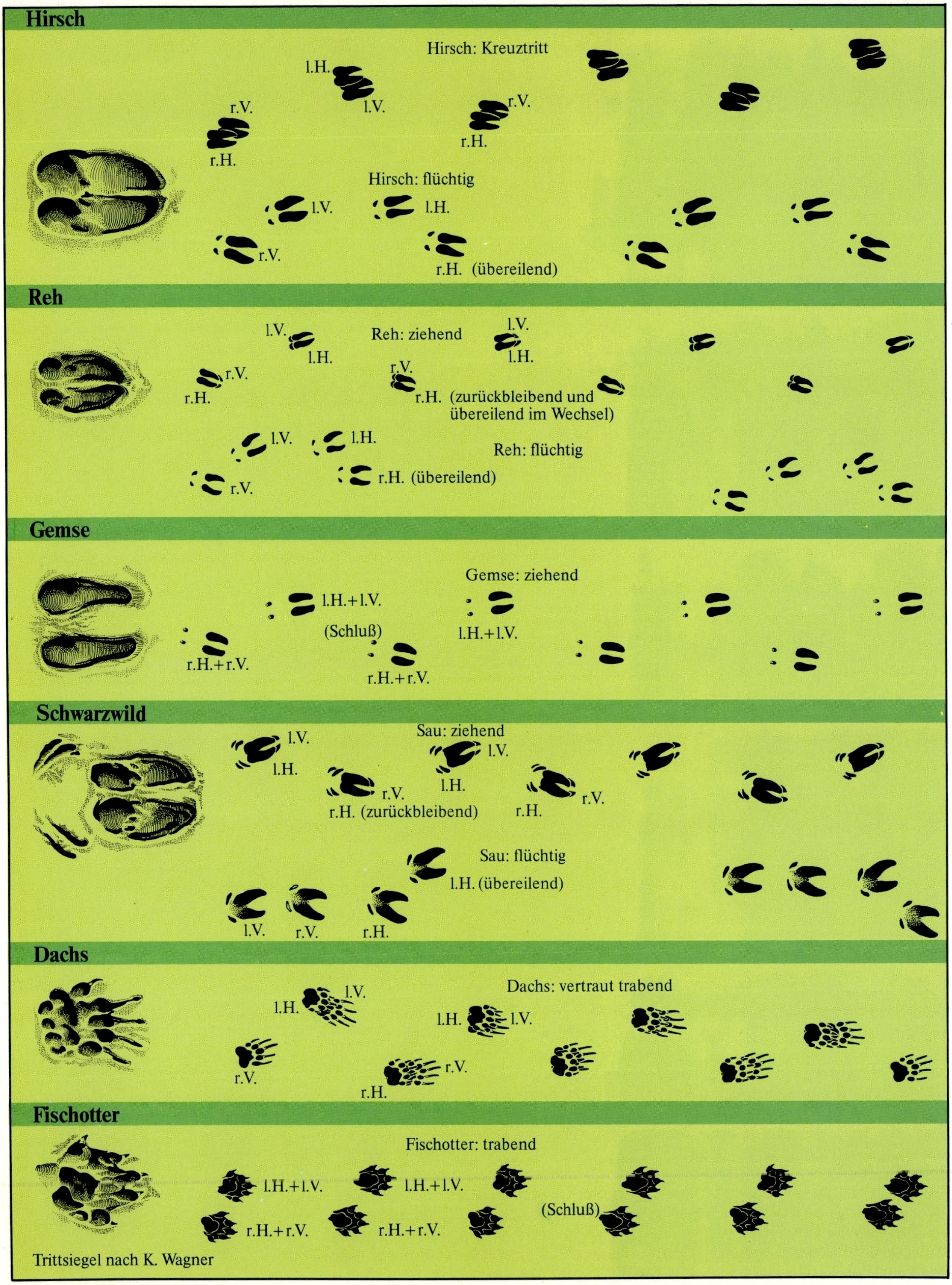

Trittsiegel nach K. Wagner

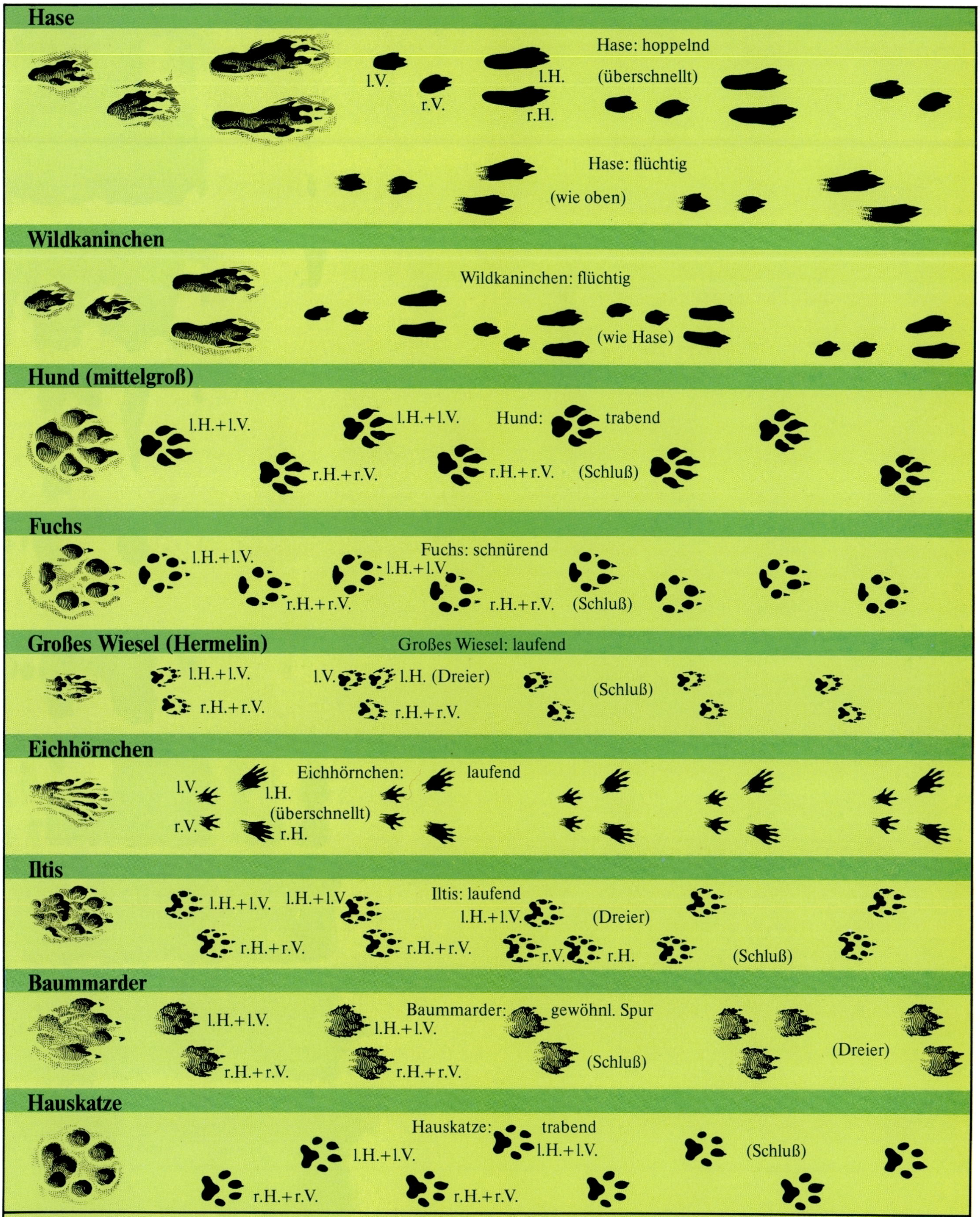

Übereilen:
Junge Hirsche treten mit dem Hinterlauf öfter über die Fährte des Vorderlaufes.

Dreisprung:
Bei den Mardern, bei denen die Spuren stets dicht aneinanderstehen, wird der eine Hinterlauf häufig oben in die Vorderlaufspur treffen.

Zurückbleiben:
Alte starke Hirsche treten mit dem Hinterlauf oftmals hinter die Fährte des Vorderlaufes.

Schluß:
Wenn der Hirsch mit dem Hinterlauf genau in die Fährte des Vorderlaufes tritt.

Überschnell:
Wenn der Hinterlauf über den Vorderlauf übergreift.

Fußformen von Vögeln

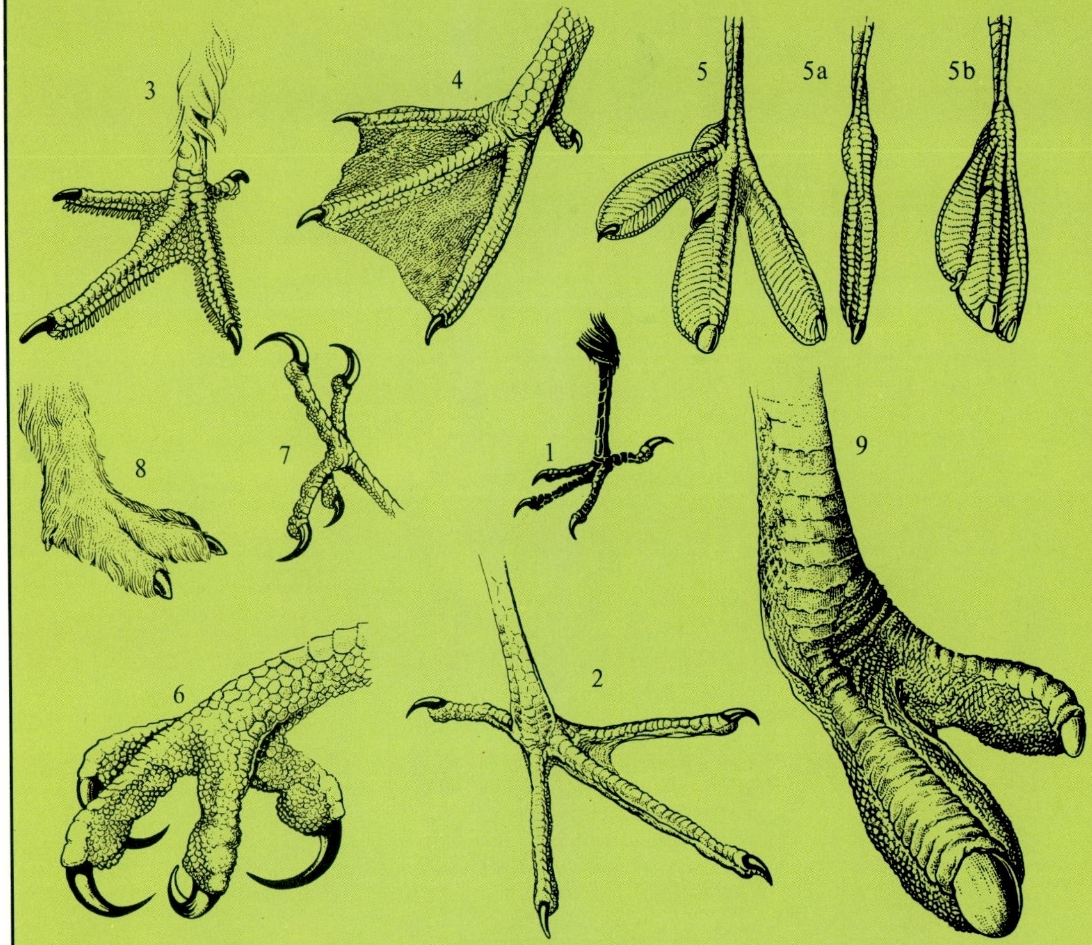

Die Fußform eines Vogels läßt erkennen, wie und wo er lebt. Der Fuß des Raben (1) ist ein Allzweckwerkzeug zum Sitzen, Gehen und Scharren. Die langen Zehen und die schmalen Schwimmhäute des Reiherfußes (2) verhindern, daß der Stelzvogel im Schlamm versinkt. Der ausgezackte Saum am Fuß des Kragenhuhns (3) gibt Halt im Schnee. Die Stockente (4) hat breite Schwimmhäute, der Taucher (5) paddelartige Zehen: Sie spreizen sich, um das Wasser zurückzudrücken; beim Rückschlag falten sie sich zusammen und leisten dem Wasser kaum Widerstand. Die Füße der Greifvögel (6) eignen sich hervorragend zum Zupacken. Der Specht (7) ist mit vier Zehen ausgerüstet. Um sich beim Hämmern festzuhalten, stützt er sich mit den beiden rückwärtigen Zehen ab. Bei den Laufvögeln (8, 9) sind die Fußglieder besonders stark ausgebildet.

Greifvogel-Flugbilder

1 Seeadler,
2 Steinadler,
3 Roter Milan,
4 Mäusebussard,
5 Kornweihe,
6 Habicht,
7 Wanderfalke,
8 Baumfalke,
9 Turmfalke,
10 Sperber.

A
Aaskrähen 43
Ackerbrüter 46
Allesfresser 10, 57
Alpen-
-murmeltier 122
-schneehuhn 118
-spitzmaus 54
Ameisen 36,65
-buntkäfer 33
-burg 36
-säure 36
-straße 36
Ammern 43, 72, 113
Amsel 9, 45, 80
Ansitzjagd 46
Antennenhörner 35
Aufbaubewegung 94
Aurorafalter 65

B
Bache 27
Bachstelze 95
Backofennest 16
Backhäuschen 18
Balz 12, 20 f, 23, 44, 82, 88, 93 f, 106, 113 f, 118
Bast 28 f
Baum-
-frosch 115
-marder 86
Beethoven 43
Beihirsch 29
Bekassine 113
Bergmolch, blauschwarzer 106
Biber 101
-kelle 101
Bienen 66 f
-gift 67
Bindenkreuzschnabel 15
Bisamratte 102
Bläß-
-huhn 95 f
-ralle 95
Blatt-
-käfer 60
-läuse 60, 62
Blaues Ordensband 32
Bläuling 65
Blaumeise 75
Blindschleiche 38
Blutströpfchen 63
Bock 28
-käfer 35
Boden-
-balz 44, 47, 114
-brüter 56
-vogel 43
-wühler 58
Borkenkäfer 33
Brachvogel 114
Brandmaus 87
Braunelle 8
Braunzahnspitzmaus 54
Breitflügelfledermaus 84 f
Brunft 29, 121
Brut-
-höhle 21, 73, 75
-pflege 39, 61, 89
-platz 40
-revier 93
-röhre 98
-zeit 42
Buchfink 70, 72
Buntkäfer 33
Buntspecht, Großer 11
Bussard 10, 22, 45 f, 49, 75, 119

D
Dachs 57, 86
Dackel 57
Damhirsch 28
Dammläufer 61
Dauer-
-ehe 49, 57, 73, 93
-läufer 61
Deutsche Wespe 89
Dompfaff 15
Dottersack 38
Drohnen 67
-schlacht 67

E
Echopeilung 84 f
Echtmaus 87
Edel-
-falter 63
-marder 86
Eichelhäher 10, 23
Eichhörnchen 24, 26
-kobel 19, 24, 26
Einzelgänger 24, 30 f, 55 f, 102
Eisvogel 98
Elster 48
Engerling 34 f, 61
Ente 94
Erd-
-kröte 40
-marder 53, 56
-maus 25
Eulen (Schmetterlinge) 32
Eulen (Vögel) 19, 21
Eurasienbiber 101

F
Falke 44
Falter 32, 63, 65, 67, 82
Farbwechsel 40
Fasan 46, 52
Feistzeit 29
Feld-
-hase 55, 123
-heuschrecke 65
-lerche 47
-maikäfer 34
-maus 25
-sperling 73
-spitzmaus 54
-wespen 89
Felsbrüter 21
Feuer-
-falter 65
-salamander 39
Fink 23, 43, 70, 72
Fisch 49
-adler 95
-otter 103
Fitis 16, 18
Flatterflug 82
Fleder-
-maus 84
-tiere 84
Fleischfresser 118
Fliegen 90
-schnapper 73
Flugbalz 44
Flußregenpfeifer 97
Freibrüter 93
Frösche 40, 107 f, 115 f
Froschlurch 39
Frühbrüter 46
Fuchs 30, 52
Fühler 34
Fürst Colloredo-Mansfeld 102

G
Gallertschnüre 40
Gamsbart 120
Garten-
-rotschwanz 79, 81
-schläfer 26
Gebänderte Prachtlibelle 105
Gebirgsstelze 95
Geburtshelferkröte 39
Gehörn 28
Geiß 28
-kleebläuling 65
Gelb-
-bauchunke 107
-halsmaus 56, 87
-spötter 78
Gemse 120 f
Gewehre 27
Geweih 28 f
Gewichtel 28
Gewölle 19
Gift 37, 39
-biß 37
-drüse 37
-schlange 37
-zähne 37
Gimpel 15
Glasflügler 62
Glattnase 84 f
Glühwürmchen 34
Gold-
-ammer 43, 72
-eule 32
Grasmücke 17, 51
Grauschnäpper 82
Greifvögel 13, 22, 45 f, 49, 52, 73
Große Pechlibelle 105
Großer Buntspecht 11
Großhufeisennase 85
Großwiesel 53
Grünfink 23
Grünfrosch, Kleiner 108
Grünling 72
Grunzpfiff 94

H
Habicht 22, 44, 48, 73
Haderer 27
Häkelzähne 116
Haken 27
Halbhöhlenbrüter 79
Hänfling 72
Haselmaus 26
Hasentiere 55
Hauben-
-lerche 47
-meise 8
Haus-
-marder 86
-maus 26, 56, 87
-ratte 87
-rotschwanz 79
-sperling 72
-spitzmaus 54
Heckenbraunelle 9
Heidelerche 47
Helbock 35
Hermelin 53, 56, 86
Heuschrecken 68
Hirsch 28 f
-käfer 5
Hochgebirgsbewohner 122
Hochzeitsflüge 65
Höckerschwan 93
Höhlenbrüter 93
Hohltaube 44
Honigbiene 67
Hornträger 120 f
Hufeisennasen 85
Hummeln 66, 90
Hunde 30

I
Igel 54, 86
Iltis 53, 56, 86
Imker 67
Insekten 32–36, 59–68, 88–90, 104 f
-fresser 60

J
Johanniswürmchen 34

K
Käfer 33 ff, 60 f, 70
Kahlwild 29
Kalb 29
Kammolch 106
Kanada-
-biber 101
-gans 93
Kaulquappen 39 f
Kauz 20
Keiler 27
Kerbtier-
-fresser 58, 86
-jäger 84
Kernbeißer 70
Kiebitz 46
Kiefernkreuzschnabel 15
Kiemen 39
Kitz 28
Kleiber 14
Kleinbär 31
Kleiner Schillerfalter 63
Kleinhufeisennase 85
Kohl-
-meise 75
-weißling 65
Kolkrabe 118
Koloniebrüter 49
Körnerfresser 9
Krammetsvogel 13
Kreuz-
-otter 37, 46
-schnabel 15
Kröten 40
Kuckuck 12
Kuckucksbienen 66
Kugelnest 24, 26
Kulturfolger 72 f, 112
Kuppelnest 48
Kurzhochwerden 94

L
Labyrinthdefekt 87
Lachmöwe 100
Laich-
-gewässer 40
-schnüre 40
Landheuschrecke 68
Langschwanzmaus 87
Larven 33 f, 39, 59, 61 f, 66, 90
Laub-
-frosch 115
-sänger 16
Laufkäfer 61
Lehmnest 77
Lerche 47
Leucht-
-käfer 34
-organe 34
Libellen 105
Linienbock 35
Lurche 39, 106 f, 115

M
Maikäfer 34, 61, 70
Mankies 122
Marder 56 f, 86, 103
Marienkäfer 60
Mauersegler 77
Maulwurf 54, 58
Maus 25 f, 56, 87, 102
-wiesel 53, 56, 86
Mäusebussard 45 f
Mauser 74
Mehlschwalbe 76 f
Meise 8, 14, 70, 73, 75
Misteldrossel 13, 81
Molch 106
Mollmaus 102
Mönchsgrasmücke 17
Mörderbienen 67
Moschus 102, 116
Möwen 100
Murmeltier 122
Muttergesellschaft 29

N
Nacht-
-falterblumen 32
-vogel 20
Nagetiere 54 f, 84, 101
Nahrungsspezialisten 15
Nashornkäfer 61
Nebelkrähe 49
Nerz 56
Nest-
-flüchter 47
-hocker 47
-kammern 102
Nisthöhle 81

O
Otter 86, 103

P
Paarhufer 27 f
Paarung 24, 68
Parasitenlarve 66
Parkvogel 13
Pfeilstörche 112
Pflanzenfresser 27, 54 f
Pinselzungen 35
Pinzettenschnabel 9, 42
Prachtkäfer 33
Putzpfoten 63

R
Raben-
-krähe 46, 49, 118
-vogel 10, 47
Ralle 95
Rangordnung 54
Rapsweißling 65
Ratz 53
Raubtier 30, 53, 59, 61 f, 105, 107, 115
Rauchschwalben 76 f
Raupen 32, 65
Rebhuhn 46, 50
Regenpfeifer 46, 97
Reh 28
Reiher 111
Reisignest 10, 15
Reptilien 37 f, 116
Revier 54, 78, 81, 95, 120
Ringel-
-natter 39, 116
-taube 44, 81
Ringfasan 52
Rivalen-
-gesang 68
-kämpfe 37

Register

Rohr-
-ammer 113
-sänger 51, 78, 111
Rötelmaus 25
Rote Waldameise 36
Rot-
-bauchunke 107
-fuchs 30, 57
-hirsch 28 f
-kehlchen 78
-schwänzchen 73
Ruderflug 100
Rüssel 90
Rüttelflug 45, 82, 98

S

Saatkrähe 49
Salamander 39
Salamandrin 39
Sasse 55
Säugetiere 24–31, 53–58, 84–87, 101–103, 120–123
Saugrüssel 88
Schachtelbrut 96
Schallblase 108
Scher-
-maus 25
-ratte 102
Schildkröte 38
Schillerfalter 63
Schläfer 26
Schlagflug 84
Schlammnest 76
Schlange 38, 116
Schlankjungfern 105
Schlittschuhläufer 104
Schmetterling 62 f, 65, 85
Schnäpper 82
Schnee-
-hase 55, 122 f
-huhn 118
-mäuse 122
-würmer 59
-ziege 120
Schonzeit 121
Schrillader 68
Schwalbenblutfliege 77
Schwäne 93
Schwebfliegen 62
Schwein 27
See-
-adler 95
-frosch 108
Seidenspinner 67
Setzröhre 54
Siedlungsfolger 86 f
Sing-
-drossel 13, 78, 81
-flug 47, 72
-schwan 93 f
-vögel 82
-warten 13, 81
Sommerfell 28
Spatz 77
Specht 11, 14
-schmiede 11
Sperber 22 f, 95
Sperling 9
Spitz-
-maus 54
-rüßler 54
Spornammer 113
Stadt-
-amsel 80
-kauz 20
Star 74
Stein-
-adler 119
-bock 121
-marder 53, 56
Stelzen 95
Stieglitz 41
Stink-
-drüsen 116
-marder 53. 56
Stockente 94
Storch 112
Storchengericht 112
Strandvögel 97, 100
Stubenfliege 88
Stuck 29
Suchgesang 68
Sumpf-
-rohrsänger 51
-spitzmaus 54
-vogel 46

T

Tag-
-falter 63, 82
-vogel 114
Tannenmeise 8
Taube 23, 44, 82
Tauchenten 95
Teich-
-huhn 96
-rohrsänger 111
Terrier 57
Treibjagd 52
Türkentaube 44, 82
Turmfalke 45
Turteltaube 44

U

Uhu 21, 118
Ultraschall-
-aussendung 85
-laute 84
Unken 107, 116

V

Vegetarier 35, 68
Verpuppung 61
Viehstelze 95
Vielfraß 57
Vierender 28
Vögel 8–23, 42–52, 70–83, 93–100, 111–114, 118 f
Vorbär 31

W

Wabe 89
Wacholderdrossel 13
Wald-
-amsel 80
-kauz 20
-laubsänger 16, 18
-ohreule 19
-schnepfe 81
-spitzmaus 54
-wühlmaus 25
Wander-
-falter 65
-ratte 87
Wanzen 104
Wartejäger 82
Waschbär 30 f
Wasser-
-frosch 108
-läufer 104
-marder 103
-ratte 102
-spitzmaus 54
Watvogel 113 f
Webervogel 73
Wechselkröte 40
Wegschnecke 38
Weichkäfer 59
Weißlinge 65
Weiß-
-storch 112
-zahnspitzmaus 54
Wendehals 11
Werbegesang 68
Wespen 62, 66, 89
-Papier 89
Weststörche 112
Widderchen 63
Wiesel 46
Wiesenbrüter 46
Wild-
-bienen 66 f
-kaninchen 54 f
-katze 30
-schwäne 93
-schwein 27
-ziege 121
Wimperspitzmaus 54
Winter-
-fell 28, 31
-sänger 12
-schlaf 24, 26, 31, 38, 57 f, 85, 108, 122
Wohnhöhle 39, 101
Wühler 102
Wühlmäuse 102, 122

Z

Zangen 35
Zaunkönig 16, 18
Zigeunervogel 15
Zilpzalp 16, 18
Zimmermannsbock 35
Zufütterung 19
Zugvögel 95
Zwerg-
-dommel 111
-maus 87
-schwan 93
-spitzmaus 54
-wiesel 53

Bildnachweis

Hans Dieter Brandl: 26 (Umschlagvorderseite), 42, 51, 71, 72, 76 (4), 81.
Bruce Coleman Ltd., London: Francisce Erize 123.
Ingo Czimmeck: 8 (2), 24, 30 (Umschlagvorderseite).
Manfred Danegger: 27, 120, 122.
Willi Dolder: 30, 121.
Hans Dossenbach: 92, 118.
Dr. Bernt Eichhorn: 111, 114.
Rudolf Höfels: 54.
Gerhard Kalden: 50.
Joachim Kankel: 21, 119.
Dr. Claus König: 122.
Dr. Rudolf König: 82, 84, 93.
Hans Laßwitz: 16, 23, 78.
Werner Layer: 25, 54, 73, 77, 78, 86, 95, 121.
Günter Moosrainer: 9.
Heinz Müller-Brunke: 95.
Klaus Paysan: 73, 118.
Hans Pfletschinger: 33, 34, 35, 36, 62, 66 (2, Umschlagvorderseite), 67, 90.
Manfred Pforr: 29 (Umschlagrückseite).
Fritz Pölking: 98/99.
Georg Quedens: 44.
Hans Reinhard: 11, 14/15, 15, 20, 26, 27, 31, 43, 45, 46, 48, 49, 52, 53 (2), 56, 58, 79, 80, 86, 94 (Umschlagvorderseite), 101, 103, 119.
Walter Rohdich: 28, 102, 104, 105.
Dr. Frieder Sauer: 20, 25, 32, 33, 34, 35, 37, 38, 39 (2, Umschlagvorderseite), 40 (2), 49, 56, 57, 59, 60 (Umschlagvorderseite), 61 (2), 62, 63 (2), 64, 65 (3), 68, 70, 74, 81, 84, 84/85, 87, 88, 89 (2), 94, 96, 102, 103, 105, 106, 107 (2), 108, 111, 115 (Umschlagvorderseite), 116.
Karl Schwammberger: 15, 16, 19, 70.
Heinz Schrempp: 10, 47, 71, 114.
Reinhard Siegel: 22, 75.
Fred Söllner: 31.
Pentti M. Valmunen: Umschlagvorderseite, 100.
Jürgen Weber: 54, 55 (2).
Peter Zeininger: 13 (3), 17, 23, 43, 46, 74, 96, 113, 118.
Herbert Zettl: 11, 18, 82, 83.
Günter Ziesler: 12, 45, 50/51, 96/97, 98 (Umschlagvorderseite), 100, 110, 111, 112, 113.